Ayya Khema

Weihnachten

Das Fest des Lichts

Ayya Khema

Weihnachten

Das Fest des Lichts
aus buddhistischer Sicht

JhanaVerlag

Jhana Verlag im Buddha-Haus
www.jhanaverlag.de oder www.buddha-haus.de

Bibliografische Information der Deutschen Bibliothek
Die Deutsche Bibliothek verzeichnet diese Publikation in der Deutschen Nationalbibliografie;
detaillierte bibliografische Daten sind im Internet über http://dnb.ddb.de abrufbar

ISBN 978-3-931274-10-1

3. verbesserte Auflage 2008

Umschlaggestaltung: Jörg Hoffmann
Satz: Claudia Wildgruber
Druck: Druckerei Steinmeier, Nördlingen

Inhalt

Herberge suchen

Die Suche nach einer Herberge ist bezeichnend für die Weihnachtszeit. Wir sehen sehr häufig Krippen, in denen die Figuren im Stall das neugeborene Kind anbeten. Diese Geschichte soll gar nicht aus der Bibel stammen, sondern eine Legende sein. Wie dem auch sei, sie hat sich bei uns sehr eingebürgert, denn wir sehen diese Krippe überall zur Weihnachtszeit und haben sie vielleicht sogar im eigenen Haus. Maria und Josef suchten Unterkunft in einer Herberge und wurden von allen abgewiesen. Alles war voll. Es war die Zeit, dass das Kind geboren werden sollte, aber es war nirgends ein Platz für Mutter und Kind zu finden.

Ich möchte diese Geschichte symbolisch für unser Leben verwenden. In den überfüllten Herbergen wohnen die Gäste, die ihre gemieteten Zimmer bezahlen. Es kommt keinem Herbergsbesitzer in den Sinn, irgendeinen dieser zahlenden Gäste hinauszuwerfen, um diesen armen Menschen ein Quartier zu geben. Endlich kommt einer darauf, ihnen einen Platz im Stall anzubieten, in einem zweitrangigen Nebengebäude. Das können wir sehr häufig bei der Menschheit beobachten, dass sie das Materielle voranstellt und das Spirituelle sozusagen in den Stall abschiebt. Dort bekommt es einen zweitrangigen Platz zugewiesen.

Wenn wir uns diese Legende als ein symbolisches Ereignis anschauen, bei dem eine Neugeburt stattfindet, die aber durch den Materialismus der Menschen erschwert wird, so können wir vielleicht auch in uns Parallelen dazu finden. Nur was wir in uns selbst erkennen, macht Eindruck auf uns. Was wir in anderen Menschen sehen, ist im Allgemeinen entweder erfunden oder nichts als ein Spiegel von dem, was wir in uns finden können. Der Materialismus, der für uns Bequemlichkeit und Annehmlichkeiten bedeutet, ist das Vordergründigste und das am meisten Verbreitete.

Wenn wir vielleicht unser Herz als die Herberge betrachten, so sehen wir, dass es mit vielen Dingen angefüllt ist, sodass wir keinen Platz für etwas Höheres, Größeres, für eine Neugeburt finden können. Gerade zu Weihnachten nimmt der Materialismus überhand. Man schaue sich nur die Geschäfte an und unsere Listen, wem wir noch etwas kaufen müssen. Und wieso? Weil diejenigen voriges Jahr etwas für uns gekauft haben.

Wenn wir die Weihnachtszeit aber dazu benutzen, um eine Neugeburt in uns selbst zu erfahren, dann haben wir sie richtig verwendet, dann haben wir die Symbolik von Weihnachten verstanden. Ob es wirklich der Geburtstag von dem Kind Jesus war, ist historisch überhaupt nicht festzustellen. Im Gegenteil, es wird häufig von Historikern und Gelehrten gesagt, dass es zu einer ganz anderen Zeit gewesen sei. Es sollte aber eine Zeit sein, in der wir die althergebrachten Dinge einmal neu betrachten.

Wir können Weihnachten als die Suche nach einer spirituellen Neugeburt anschauen, die jedem Menschen von größtem Nutzen sein kann. Wir sehen, wie der Materialismus in Gestalt der Herbergsinhaber Schwierigkeiten gemacht hat, bis schließlich jemand das Geschehen in einen Nebenraum abgeschoben hat. Wir sollten nicht demselben Fehler verfallen, sondern wissen, dass unser Herz als Herberge das Schönste, Edelste und Reinste enthalten kann und soll. Dafür müssen wir einmal untersuchen, was unser Herz und unser Geist meistens beherbergen.

Wenn wir hauptsächlich am Materiellen interessiert sind, dann verwenden wir unsere Sinne (Sehen, Hören, Riechen, Schmecken, Berühren und Denken), um etwas Freudiges, Angenehmes zu bekommen. In der Terminologie des Buddha ist Denken der sechste Sinn. Die Sinneskontakte bringen uns aber nur zeitweilig Freude. Wenn wir zum Beispiel einkaufen gehen, so sehen wir einige schöne Sachen und freuen uns darüber, aber wenn wir nach Hause kommen, sind wir vollkommen erschöpft. Der Trubel herrscht nicht nur draußen, sondern auch im eigenen Geist.

Wir können also erkennen, dass die Gäste, die in unserer Herberge des Herzens wohnen, sehr viel Trubel machen. Sie sind ständig im Kommen und Gehen. Alle Sinneseindrücke und auch die Freude, die wir davon haben können, sind so kurzlebig, dass in dieser Herberge ein ständiger Aufruhr ist. Wir können gar nicht feststellen, wer da wirklich wohnt, denn wir erleben einen ununterbrochenen Wechsel. Wir können überhaupt nicht unterscheiden, ob es sich da um einen zugereisten Gast handelt, der vielleicht etwas länger bleiben will oder um solche, die nur kurz absteigen.

Solange wir uns nur mit den Sinneskontakten abgeben, sind alle diese Gäste so schnell wieder verschwunden, dass es beinahe nicht mehr den Namen Herberge verdient. In einer Herberge muss man sich ja wenigstens registrieren lassen, den Namen angeben, ein Zimmer nehmen und vielleicht über Nacht bleiben. Aber die Annehmlichkeiten von unseren Sinneskontakten bleiben nicht über Nacht, sie sind sofort wieder verschwunden, und im Allgemeinen haben sie noch nicht einmal ihren Namen hinterlassen.

Außerdem schauen wir genau wie die Herbergsbesitzer, die das heilige Paar nicht aufnehmen wollten, häufig nur auf das Äußerliche. Der Überlieferung nach sahen Maria und Josef ärmlich aus und hatten kein Geld, also hat man sich nicht sehr angestrengt, ihnen eine gute Unterkunft zu geben. Wir beurteilen nicht nur Menschen nach ihrer Kleidung, sondern versuchen auch sonst unsere Erfüllung in Äußerlichkeiten zu finden. Wir suchen sie vielleicht nicht immer nur beim Einkaufen und im Besitztum, sondern auch bei Menschen, die für uns da sein sollen.

Wir sind daran interessiert, dass die Dinge außen um uns herum so sind, wie wir sie uns vorstellen. Nachdem wir die Sinneskontakte als unsere Gäste in der Herberge haben und die Freuden und Annehmlichkeiten nur außerhalb von uns suchen, ist die Herberge voll. Unsere Zeit ist vertan und unsere Energie erschöpft. Wir haben nicht unbegrenzt Zeit an jedem Tag, denn wir haben Verpflichtungen, denen wir nachkommen müssen. Diese Herberge, die wir »Ich« nennen, muss auf der materiellen Ebene in Ordnung gehalten werden. Wenn es bei uns voll ist, so kann nichts Neues hinein. Wenn wir etwas Neues hören oder lesen, was uns ganz richtig erscheint, so sagt der Geist vielleicht »sehr gut«, aber die Energie und die Zeit sind schon vollkommen aufgebraucht. Wir können nichts mehr wirklich aufnehmen, denn alle Zimmer sind schon besetzt. Wenn wir glauben, dass das Spirituelle auch einen Platz haben sollte, dann geben wir ihm vielleicht den Stall, das heißt die paar Minuten am Tag oder in der Woche, die uns von allen anderen Beschäftigungen übrigbleiben.

Dennoch haben wir diese Symbolik, die Suche nach einem Heim, als eine unterschwellige Sehnsucht in uns. Damit ist nicht nur das Haus, der Ort und das Land, in dem wir leben, gemeint, sondern auch das Gefühl, dass wir geborgen sein möchten. Eine Herberge gibt denen zeitweilige Geborgenheit, die sich dort aufhalten können. Wirkliche Geborgenheit, wo wir dauerhaft weilen können, ist aber nur im eigenen Herzen zu finden.

Wir müssen also Platz machen, irgendetwas, irgendjemanden ausquartieren, denn sonst ist nichts frei in unserer Herberge. Was können wir hinauswerfen? Wie machen wir Platz? Das muss sich jeder selbst überlegen, welche der Gäste, die sich da breitmachen, nicht zum inneren Glück und Frieden beitragen, sondern genau das Gegenteil tun. Durch ihre ständige Unrast bestärken sie unsere eigene Hast. Sie gaukeln uns durch unsere Sinne etwas vor, das wir gerne haben möchten, aber niemals auf diese Weise bekommen können. Wir müssen uns selbst untersuchen, ob wir Weihnachten für eine Neugeburt nutzen und dafür Raum schaffen wollen.

Was passiert bei einer körperlichen Geburt? Der Körper der Mutter erweitert sich, und ebenso müssen wir es auch mit unserem Herzen tun. Bei den meisten Menschen ist das Herz begrenzt und dadurch auch verhärtet, was eine Geburt erschwert. Bei der Geburt eines Kindes drückt es gegen die Härte des Körpers der Mutter und eine Ausdehnung muss stattfinden, sodass das Kind tatsächlich auf die Welt kommen kann. Dies ist auch mit Schmerzen verbunden.

Genau so ist es mit der spirituellen Neugeburt. Von einem neugeborenen Kind können wir nicht erwarten, dass es gleich alles kann und weiß. Wir beschützen und behüten es und lassen ihm gute Nahrung zukommen, damit es gedeihen kann. Wir warten geduldig auf das Wachstum, Tag für Tag, Jahr für Jahr. Eines Tages ist es ausgewachsen. Genau dasselbe geschieht mit unserem Herzen, mit unserem spirituellen Wachstum. Wenn wir eine Neugeburt haben wollen, an die uns diese Jahreszeit erinnern soll, so können wir nichts anderes als ein Baby erwarten. Aber Babys, die richtig behandelt werden, Nahrung, Fürsorge und Liebe bekommen, entwickeln sich auf natürliche Weise. So ist es mit unserem spirituellen Leben. Die Härte der Begrenzung unseres Herzens ist ein Hindernis, und die Erweiterung bereitet Schmerzen, weil sie gegen unsere Ich-Bezogenheit angeht.

Was können wir im Herzen beherbergen? Wer ist der wichtigste Gast, der sich in unserem Herzen so zu Hause fühlt, dass wir uns auf ihn verlassen können? Das wäre die bedingungslose Liebe, bei der wir nicht erwarten, geliebt zu werden, sondern nur Liebe schenken. Dies ist aber nicht einfach, sondern muss erst erlernt werden. Vielleicht sind wir nur in der Lage, solche Menschen zu lieben, von denen wir wissen, dass sie zumindest gewillt sind, uns wiederzulieben?

Letzteres spielt sich aber noch immer auf der weltlichen Ebene ab. Wir geben gerade so viel, wie wir wiederbekommen können, selbst wenn es sich um Gefühle handelt. Um eine wirkliche

Neugeburt zu erleben, muss die Erweiterung des Herzens soweit gehen, dass sich darin die Liebe als etwas Strahlendes, Edles, Reines zeigt, frei von jeder Bedingung und persönlichen Beziehung. Bedingungslose Liebe wird auch manchmal die unpersönliche Liebe genannt. Das hört sich dann für manche so an, als ob wir keine Personen lieben sollten. Es bedeutet aber, dass sich die Liebe keine besonderen Menschen aussucht, sondern ständig in uns vorhanden ist. Das ist das Strahlende, Edle und Reine, die Neugeburt, für die wir Platz machen müssen.

Was uns davon abhält, Raum dafür zu finden, sind unser Anhaften und unsere Anhänglichkeit. Wen immer wir in unser Herz hineingelassen haben, an diesen Menschen haften wir an, an ihnen hängen wir. Wir wollen, dass diejenigen da sind, nicht verloren gehen, uns anerkennen und unterstützen. Solange wir an dieser Art des Liebens festhalten, können wir nicht die Grenzen unseres Herzens sprengen, sodass eine Erweiterung geschehen kann, welche die Neugeburt möglich macht.

Das bedeutet nicht, dass wir nicht gewisse Menschen in unserem Leben haben, mit denen wir uns enger verbunden fühlen und die uns wichtig sind. Aber wenn wir wirklich den spirituellen Pfad in das Haupthaus verlegen und nicht in die Nebengebäude abschieben wollen, dann müssen wir einmal dieses Anhaften und die Anhänglichkeit als die Ursache der Begrenzung unseres Herzens erkennen.

Um das Christkind herum sind oft Strahlen abgebildet. Dieses Strahlen kann in unserem Herzen sein. Meister Eckhart hat gesagt: »Wenn Jesus nicht in eurem Herzen ständig wiedergeboren wird, dann war seine Geburt für euch nicht vorhanden.« Dadurch können wir auch erkennen, wie sich das Materielle vom Spirituellen unterscheidet. Das bedeutet nicht, dass wir unser tägliches Leben ändern müssen, sondern unsere Wertigkeiten und Prioritäten. Es kommt nicht darauf an, was wir machen, sondern wie wir es machen. Was ist uns die Hauptsache im täglichen Leben? Ist es der Erfolg? Wollen wir wie die Herbergsbesitzer genügend Geld für unsere Zimmer bekommen, oder vielleicht auch nur die wichtigen Leute unterbringen? Oder wollen wir den anderen Herbergsbesitzern zeigen, dass unsere Herberge sehr gefragt ist? Oder ist uns das Wichtigste, dass unser Herz anfangen kann zu strahlen?

Darüber kann sich nur jeder selbst klar werden. Wenn wir einmal wissen, was uns das Wichtigste ist, dann können wir uns danach richten. Im täglichen Leben gibt es viele Möglichkeiten, den spirituellen Pfad immer wieder zu beschreiten. Wann sonst? Unser tägliches Leben ist unser Leben.

Jeder sucht inneren Frieden. »Frieden auf Erden und den Menschen ein Wohlgefallen.« Wer kennt diese Worte nicht? Und wer hat sie verwirklicht? Es ist kaum jemand auf dieser Welt zu finden, der Frieden im Herzen hat. Wenn auf Erden einmal

Frieden sein sollte, was höchst unwahrscheinlich ist, dann muss zuerst Frieden in unsere Herzen einkehren. Selbstverständlich ist Frieden Wohlgefallen, denn wenn Frieden herrscht, dann ist uns allen wohl.

Aber es sind nicht die anderen, die Krieg oder Frieden machen, wir sind es selbst. Wir müssen selbst Verantwortung übernehmen, denn wir sind nicht nur für den Frieden in unserem eigenen Herzen verantwortlich, sondern unsere Herzensstimmung wirkt sich auf alles um uns herum aus. In unserer Familie, am Arbeitsplatz, in unserem Wohnort, bei unseren Freunden, mit unseren Verwandten, bei jeder Zusammenkunft. Diejenigen, die öfter mit uns zusammenkommen, können besonders von der Reinheit unseres Herzens beeinflusst werden.

Wenn wir uns einmal vorstellen, gerade diese Zeit des Jahres zur Innenschau zu verwenden, dann wird uns das alles sicherlich ganz klar. Wenn wir wissen, dass unser Herz die einzige Herberge ist, die wir je haben können, dann lernen wir unsere Prioritäten kennen.

Die Meditation hilft uns dabei, denn sie ist ein Mittel zum Zweck, und ermöglicht es uns, die Welt um uns herum zeitweilig loszulassen. Wenn wir ganz klar wissen, dass die Herberge im eigenen Herzen zu finden ist, dann wird Meditation eine absolute Notwendigkeit, der wir uns täglich nähern, denn wie sollten wir sonst den Zugang zu diesem inneren Raum finden? Erst wenn wir diesen inneren Raum von allem befreien, was wir sonst darin haben, können wir genügend Platz für das Neue finden. Das Loslassen von allen überflüssigen Gedanken und Gefühlen wird in der Meditation ständig angestrebt. Ohne diese Praxis bleibt unsere Neugeburt eine Idee und eine Hoffnung, wird aber keine Wirklichkeit. Erst in der Meditation entblößen wir uns von allen weltlichen Einflüssen.

Genau das geschieht auch bei einer Geburt. Das Baby kommt vollkommen nackt zur Welt, von allem entblößt und erscheint in seiner ganzen Schönheit und mit dem ganzen Potenzial, das jedes Baby hat. Jeder Mensch bringt die Fähigkeit mit sich, spirituell zu wachsen. Genauso entblößen wir uns bei der Meditation von allem, mit dem wir uns sonst bekleiden, den Dingen, mit denen wir uns identifizieren, die uns bestätigen. Der ganze Identifikationsprozess, der unser »Ich«, dem wir so viel Wichtigkeit beimessen, bestätigt und unterstützt, füllt alle Zimmer unserer Herberge. Sollte irgendwann einmal ein Zimmer leer werden, weil irgendeine von diesen Bestätigungen verloren gegangen ist, so suchen wir uns schnell eine neue. Das können wir in der Meditation ganz deutlich erkennen. Wenn wir uns von der Selbstbestätigung entblößen und ganz nackt nur da sind und uns selbst erleben, dann wissen wir, was wir wirklich suchen, und dass alles, was wir bis jetzt gefunden haben, uns nicht erfüllt hat. Erst dann wird eine Neugeburt möglich. Dann werden wir die Zimmer unseres Herzens nicht mehr mit den Dingen anfüllen, die das Materielle bestätigen und das Spirituelle verneinen.

Das Materielle um uns herum ist eine Notwendigkeit für das Überleben, aber weiter nichts. Auch die Herberge in der Legende von Josef und Maria existierte auf der weltlichen, materiellen Ebene, genau wie unsere Körper, Häuser und Besitztümer. Wir müssen in der Meditation diese Dinge von ihrer Wichtigkeit befreien, dann wird in uns automatisch etwas Neues geboren. Denn wenn das Herz keine Egobestätigungen enthält, kann dort das Neue aufblühen. Das können wir dann mit der Freude und dem Glück begrüßen, das wir bei jeder Geburt empfinden. So gelingt auch unser Meditationspfad. Wenn wir uns wirklich entleeren, entsteht sofort das Neue. Das zeigt uns automatisch, ohne dass wir darüber nachzudenken brauchen, dass wir alles in uns tragen, was wir draußen in der Welt gesucht haben. Wir sind der echte Erbe des inneren Glücks und des inneren Friedens, wir haben es nur nicht gewusst.

Wenn wir das erkennen, ist es beinahe unmöglich, den spirituellen Weg nicht weiterzuverfolgen. Was auch immer wir draußen in der Welt finden, hat noch nie einem Menschen Erfüllung gebracht. Wir können immer mehr und mehr bekommen, aber wie wir genau wissen, hilft uns das nicht. Durch die Meditation haben wir die Möglichkeit, Glück und Frieden in uns zu erleben, wir müssen es aber auch im täglichen Leben nachvollziehen. Wir können uns nicht nur darauf verlassen, dass wir ein oder zwei Stunden am Tag meditieren. Ein fester Wohnsitz in der Herberge unseres Herzens ist für einen ständigen Aufenthalt gedacht, den wir durch ein liebendes Herz und innere Reinheit haben können, wenn wir uns auch im Alltag darum kümmern.

Wie jede Geburt ist der Vorgang nicht ganz einfach. Bei manchen Menschen ist die Geburt ziemlich problemlos, bei manchen gibt es viele Schwierigkeiten. Der Weg zu unserem Herzen führt nach innen. Das heißt also, wir müssen den

Weg nach außen etwas einschränken. Wir werden immer wieder von der Welt geblendet, als ob das Glück dort zu finden wäre. Jeder weiß, dass das nicht der Fall ist, und dennoch versuchen wir es immer wieder.

Der Weg nach innen ist doch viel kürzer und viel einfacher. Der Weg nach außen ist ständig mit Anstrengung, Energie, Wunsch- und Resultatdenken, Hoffnung und Plänen verbunden, durch die wir Druck auf uns selbst ausüben. Jede Hoffnung, jeder Plan, jeder Wunsch bringt Leid, weil sie eine Mangelerscheinung manifestieren. Wenn wir nach innen gehen, so sind wir uns selbst viel näher und Wunsch- und Resultatdenken haben keinen Platz. Wir brauchen nur in uns zu schauen und unser Herz zu entdecken.

Wir wissen alle, dass wir die Liebesfähigkeit haben, und hoffen immer, dass irgendjemand kommen wird, der so liebenswert ist, dass er unsere Liebesfähigkeit erwecken wird. Nur wir selbst können sie zum Erwachen bringen, und wenn wir die ganzen Ego-Identifikationen im Herzen zeitweilig loslassen, dann werden wir merken, worum es wirklich geht. Es geht um die innere Reinheit und Schönheit und darum, dass wir durch das Wachstum dieses Neugeborenen eines Tages das Alte transzendieren werden.

Das ist zu dieser Jahreszeit vielleicht das Wichtigste, was wir uns vor Augen führen können. Das heißt nicht, dass wir nicht Geschenke kaufen sollen. Es ist sehr schön, Geschenke zu machen, wenn wir damit den Wunsch verbinden, anderen Menschen eine Freude zu bereiten, denn das löst uns etwas von unserer Ich-Bezogenheit. Geschenke darbringen kennen wir aus der gleichen Legende. Als die drei Weisen mit den Geschenken für das neugeborene Jesuskind kamen, brachten sie Gaben aus Ehrerbietung, Hochachtung und Liebe. Wir können aus diesen Legenden eine Weihnachtsstimmung und eine Haltung entwickeln, die uns das ganze Jahr begleiten kann.

Ich möchte auch noch ein paar Worte vom Buddha zitieren:

»Und lebt' man hundert Jahre auch,
Doch ohne Sammlung, ohne Zucht,
Besser ein Lebenstag des Menschen,
Der sittlich ist und selbstvertieft.«

(Dhammapada, Vers 110)

»Und lebt' man hundert Jahre auch,
Doch ungesammelt, einsichtslos,
Weit besser ist's, wenn einen Tag
Man weise ist und selbstvertieft.«

(Dhammapada, Vers 111)

»Und lebt' man hundert Jahre auch,
Doch träge, ohne Willenskraft,
Besser ein Lebenstag des Menschen,
Der mächtig einsetzt seine Kraft.«

(Dhammapada, Vers 112)

Sammlung bedeutet Meditation, und Willenskraft ist eine unumgänglich nötige Eigenschaft, die wir dazu brauchen. Es ist viel einfacher, sich ohne nachzudenken dem Materiellen hinzugeben, so wie es die meisten Menschen machen.

Um diesen Weg der inneren Herbergssuche zu gehen, brauchen wir Willenskraft zum Loslassen. Der spirituelle Pfad ist überhaupt ein ständiges Loslassen, wogegen der materielle Pfad der Pfad des Anhäufens ist. Es ist tief in uns verwurzelt, dass wir uns mit mehr und mehr umgeben wollen, was uns darin bestärkt, dass wir wirklich jemand sind. Dennoch schaffen wir es auf diese Art und Weise nicht, zur inneren Erfüllung zu kommen. Wir brauchen die Kraft unseres Willens für die Meditation, um durch Einsicht unseren Weg zu erkennen.

> »Und lebt' man hundert Jahre auch,
> Doch merkt nicht das Entstehn-Vergehn,
> Besser ein Lebenstag des Menschen,
> Der Entstehn-Vergehn erkennt.«
>
> *(Dhammapada, Vers 113)*

Bei den Sinneskontakten und den Freuden, die wir durch sie bekommen, ist es leicht erkennbar, dass sie als Gäste in unserem Haus, in unserer Herberge des Herzens, wohnen und so schnell entstehen und vergehen, dass wir nicht einmal ihre Namen registrieren oder sie über Nacht beherbergen können. Wenn wir durch Meditation und Achtsamkeit das Entstehen und Vergehen erkennen, dann wird uns ganz klar, dass es nichts gibt, was wir festhalten können. Es wird dadurch viel einfacher sein, nichts mehr anzuhäufen, sondern stattdessen loszulassen, denn wir können sowieso nichts behalten.

Wir können dann auch leichter von den Gedanken loslassen, die ständig entstehen und vergehen, und die jedem Meditierenden am Anfang seiner Praxis viel Ärger bereiten. Das sind die Gäste, die unsere Herberge füllen, sodass kein Platz für etwas anderes ist. Denken können wir alle, das machen wir schon lange genug. Wenn die Gedanken noch immer alle Räume in Beschlag nehmen und wir ihr Entstehen und Vergehen noch nicht gesehen haben, ist es sehr schwer, die Zimmer für Neuankömmlinge freizumachen.

»Und lebt' man hundert Jahre auch,
Doch schaut nicht das todlose Reich,
Weit besser ein Lebenstag dessen,
Der's todlose Reich hat geschaut.«

(Dhammapada, Vers114)

Im todlosen Reich wird niemand geboren, denn es ist nur ein anderes Wort für *Nibbāna* oder *Nirwāna*, das Ziel der buddhistischen Praxis. Es bedeutet das vollkommene Aufgeben der Ich-Illusion und des ganzen Anhaftens. Unser Neugeborenes muss langsam wachsen, aber wenn wir nicht die nötige Fürsorge, Liebe und Zeit für dieses zarte Pflänzchen aufbringen, dann kann es nicht gedeihen. Wenn es wächst und stark wird, dann wird es uns jedoch so viel Freude, Licht und Schönheit spenden, dass wir uns wundern, wieso wir uns nicht immer schon auf diesen Weg begeben haben.

Die ganzen wunderbaren Erklärungen dieses inneren Wachstums treffen für jeden zu. Es ist an keine Religion gebunden und keiner unserer großen Religionsstifter und Meister hat eine neue Religion ins Leben rufen wollen. Jesus wollte die jüdische Religion reformieren. Der spirituelle Pfad, die Herberge unseres Herzens, steht weit über allen Religionen. Wir haben das Potenzial der höchsten Höhen und der tiefsten Tiefen. Im Allgemeinen halten wir uns irgendwo in der Mitte auf. Aber gerade jetzt zu Weihnachten wäre die Zeit, dies zu erkennen und uns vielleicht vorzunehmen, dass das Neue Jahr auch eine Neugeburt für uns selbst sein kann.

Weihnachten:

Das Fest des Lichts und des Gebens

Unser aller Gedanken drehen sich im Moment um Weihnachten, und es dürfte interessant sein, was Weihnachten für unser tägliches Leben bedeuten könnte. Vielleicht kann es uns helfen, eine andere Weltsicht zu bekommen, anstatt uns nur für einen bestimmten Tag und einige Zeit vorher und nachher zu beschäftigen. Zwei Dinge treten ganz besonders stark hervor zur Weihnachtszeit. Eines davon ist das Schenken und natürlich auch Geschenke erhalten, und das zweite ist Lichter anschauen und bewundern, die entweder andere oder wir selbst angezündet haben.

Schenken in der Weihnachtszeit ist ein schöner Brauch und eine Tradition. Manche Menschen erleben dabei große Hektik, wenn sie sich erst im letzten Moment zu diesen Besorgungen aufraffen können. Aber das entspricht nicht der Bedeutung dieser geweihten Zeit. Sie sollte uns dazu verhelfen, unser Leben einem Ideal zu weihen. Die Hektik des Einkaufens ist bestimmt nicht geeignet, uns daran zu erinnern.

Die erste von den zehn Tugenden, die der Buddha immer wieder empfohlen hat, ist Freigebigkeit, Großzügigkeit, Gebefreudigkeit. Natürlich hat er nicht von einem bestimmten Tag im Jahr gesprochen, sondern hat die Gebefreudigkeit des Herzens, das unumschränkte Gebenwollen gemeint. Gebefreudigkeit ist ein Ausdruck der Liebe, eine Möglichkeit, unsere Liebe zu zeigen.

Wir können uns auf drei verschiedene Arten äußern: durch Gedanken, Worte und Taten. Wenn wir also unser Herz immer wieder zur Liebe anspornen wollen, so müssen wir dies irgendwie ausdrücken. Natürlich können wir Worte benutzen, aber es ist nicht so einfach, zu anderen Menschen zu sagen: »Ich liebe Dich«, oder »Du bist mir sehr lieb«, oder »Ich möchte gerne bei Dir sein.« Das heben wir uns im Allgemeinen für spezielle Menschen und Momente auf, aber wir können anderen zeigen, dass wir liebevoll an sie denken und sie erfreuen wollen, indem wir ihnen etwas schenken. Unser Schenken sollte darauf beruhen, dass wir Freude spenden wollen, und nicht darauf, dass alle es tun, und auch nicht, weil wir im vorigen Jahr etwas geschenkt bekommen haben, sondern einzig und allein aus dem Wunsch heraus, dass wir unsere Liebe zu erkennen geben wollen.

Wenn wir jemandem ein passendes Geschenk kaufen wollen, so müssen wir an den anderen denken und uns überlegen, was der andere eventuell gern hätte. Sobald wir an andere denken, sind unsere eigenen Wünsche und Interessen zeitweilig ausgeschaltet. Selbstvergessenheit und eines Tages die Illusion, die mit dem »Ich« und dem »Selbst« zu tun hat, zu durchschauen, ist der Weg aller Religionen, aller spirituellen Pfade. Meister Eckhart zum Beispiel hat dies in fast jeder seiner Predigten erwähnt. Die Lehre des Buddha führt uns zu der Einsicht, dass alles Wollen nichts anderes als eine Mangelerscheinung ist und daher ein Zeichen des Unglücklichseins. In dem Moment des Gebens schöpfen wir aus der Fülle, und das wiederum erfüllt uns. Niemals verlieren wir etwas. Im Gegenteil, je mehr Liebe wir verschenken, desto mehr Liebe empfinden wir; und so geschieht es mit allen anderen Dingen auch.

Die Gebefreudigkeit zur Weihnachtszeit könnte ein Symbol für die innere Läuterung unseres Herzens sein. Das Geschenke machen kann uns helfen zu erkennen, dass wir uns selbst innigst freuen, wenn wir anderen eine Freude bereiten. Wieso sollten wir uns mit dieser Freude auf einen Tag im Jahr beschränken? Wir könnten doch diesen Freudenquell das ganze Jahr sprudeln lassen. Dazu benötigen wir weder Kostbarkeiten noch viel Geld; selbst kleine Dinge, die wir verschenken, sind Freude spendend, vor allem, wenn wir uns bemüht haben, die Wünsche des anderen zu erkennen.

Selbstgefertigte Handarbeiten sind oft besonders beglückend, denn sie haben Zeit und Aufmerksamkeit des Gebers in Anspruch genommen.

Wenn wir an andere denken, gibt es zu der Zeit keine eigenen Probleme. Das sollte uns helfen zu erkennen, wo unsere Schwierigkeiten ihren Ursprung haben. Sie können immer nur der Begierde, dass »ich« etwas will, etwas brauche, etwas behalten oder bekommen muss, entspringen. In dem Moment, in dem ich an einen anderen denke, mich auf andere konzentriere, ist diese Begierde vollkommen vergessen. Je mehr wir die Gebefreudigkeit in uns stärken, desto mehr merken wir, dass uns nichts anderes als das »Habenwollen« Schwierigkeiten bereitet. Wie geschickt wir auch unsere Wünsche rechtfertigen, am Ende können wir sowieso nicht behalten, was immer wir zusammengerafft haben. Ob es sich dabei um Geld, Anerkennung, Ruhm, Position oder Familie handelt, wir müssen eines Tages alles aufgeben.

Was kann diese Einsicht für uns bedeuten? In

der Zeit, die uns noch verbleibt, könnten wir uns sehr gut damit beschäftigen, andere Menschen zu erfreuen und ihnen hilfreich zur Seite zu stehen. Oft können Kleinigkeiten beglücken, manchmal ist es nur nötig, dass wir uns um jemanden kümmern oder Interesse für ihn zeigen. Schenken und an andere denken, was wir zur Weihnachtszeit wahrscheinlich tun, vergessen die meisten von uns während der restlichen Zeit des Jahres. Dennoch sollten wir das ganze Jahr dazu nutzen, Freude und Wohlgefallen um uns zu verbreiten, denn keiner von uns weiß, ob wir das nächste Weihnachten noch erleben werden. Wir halten es für selbstverständlich, dass wir noch am Leben sein werden, aber da alles sich ständig verändert, gibt es keinerlei Sicherheit.

Aber jeder einzelne Tag, den wir leben, kann für uns Weihnachten sein. Nicht um Geschenke zu bekommen, sondern indem wir uns darüber freuen, wenn wir jemanden finden, dem wir ein Geschenk machen können. Wir können tief beglückt sein, wenn uns etwas einfällt, was ein anderer gebrauchen kann, und wir es ihm schenken können.

Die Gebefreudigkeit, vorrangig unter allen Tugenden, ist ein allmähliches Abbauen der Ich-Bezogenheit. Wenn wir durch unsere Weihnachtsgeschenke erkennen, dass wir viel Freude erleben, wenn wir weniger an uns selbst denken und mehr an andere, so haben sie einen wichtigen Zweck erfüllt. Wenn wir aber in die Hektik des Einkaufens verfallen, dann haben wir den Geist der Weihnachtszeit nicht erfasst. Es sollte eine Zeit der Besinnung und der inneren Einkehr sein. Die Weihnachtszeit ist sozusagen das Tor, das uns das neue Jahr eröffnet, in dem uns ein neues Erwachen beschert sein kann.

Wir sehen viele Lichter zur Weihnachtszeit: Klein- und Großstädte haben ihre Straßen hell erleuchtet, überall stehen schimmernde Weihnachtsbäume, auch auf den Balkonen, und viele Menschen haben an ihren Fenstern Lichter angebracht. Die Geschäfte sind mit Kerzen und bunten Glühbirnen dekoriert, und es ist Brauch, am Weihnachtsabend die Kerzen am Weihnachtsbaum anzuzünden. Es ist schön, so viel Licht um uns zu haben. Was aber kann dies für uns bedeuten? Zünden wir einfach nur Lichter an, oder können wir etwas Bedeutsames darin erleben? Das Christkind in der Krippe wird sehr häufig mit einem Strahlenkranz um das Haupt herum dargestellt. Die drei weisen Männer sahen einen leuchtenden Stern, dem sie gefolgt sind. Das alte Testament fängt damit an, dass Gott sagte: »Es werde Licht! Und es ward Licht.« Und er schuf die Sterne, Sonne und Mond, um das Licht von der Finsternis zu trennen und Tag von Nacht zu unterscheiden.

In der Dunkelheit legen wir uns schlafen. Wenn unser Geist dunkel ist, bedeutet dies, dass wir ohne Erkenntnis, schläfrig und auch ohne Liebe sind. Im Buddhismus nennen wir das Aufwachen des Geistes die Erleuchtung. Licht ist ein Symbol für das Hellwerden, für die schöpferische Kraft. Im Licht wird geschaffen, im Dunkeln wird geschlafen.

Wie licht sieht es bei uns im Herzen und im Geist aus? Licht kann uns auch die Wahrheit beleuchten. Denn nur im Licht können wir den Unterschied zwischen relativer und absoluter Wahrheit erkennen; im Dunkeln sieht alles gleich aus.

Das Symbol des Lichts, das durch die Weihnachtsgeschichte verdeutlicht wird und wir auf unseren Straßen und in unseren Häusern zur Weihnachtszeit nachahmen, können wir uns als einen Weg zu Herzen nehmen, der uns selbst zum Licht führt. Wenn wir am Neujahrstag die Kerzen auslöschen und die Dekorationen wieder einpacken, brauchen wir dies aber nicht auch gleichzeitig in unseren Herzen zu tun. Wenn wir uns bemühen zu erkennen, dass unser Leben viel Schönes und Edles enthalten kann, wenn wir im Licht der Wahrheit leben, dann werden wir sicherlich Möglichkeiten suchen, immer wieder in das Licht zu schauen.

Auch Läuterung bedeutet Licht, denn es bringt uns das Reine und Helle. Wenn etwas beleuchtet wird, zeigt sich deutlich, ob Schmutzflecken vorhanden sind, und sollten wir solche in unseren Häusern oder an unserer Kleidung finden, werden wir sie bestimmt entfernen. Die Weihnachtslichter symbolisieren, dass wir immer wieder in uns selbst die Lichter anzünden können, um unser Innenleben zu beleuchten. Wenn wir unser Innenleben klar erkennen, dann werden wir auch darauf aufmerksam, was in uns noch zu säubern ist. Die Formel heißt: »Erkennen, nicht tadeln, ändern.« Saubermachen hat nichts mit Tadel zu tun, sondern nur mit erkennen.

Die Lehre des Buddha ist – genau wie die Lehre von Jesus – auf die innere Läuterung ausgerichtet. Die Symbolik des Lichts zeigt uns das. Wenn wir Klarheit und Wachheit einsetzen, so werden alle Ecken und Winkel in uns, in die wir sonst nicht hineinleuchten, so gereinigt, dass eines Tages nur noch strahlendes Licht in uns ist, das jedem Freude bringt. Strahlendes Licht bringt Freude. Wer jetzt durch die Straßen der Städte geht, in denen die Lichter angezündet und oft in Sternenform zu sehen sind, dem jubelt das Herz. Wenn die Lichter am Weihnachtsbaum angezündet werden, so beglückt das die ganze Familie. Es ist ein schöner Moment der Freude, doch wieviel mehr noch würden wir uns an dem Licht in uns selbst erfreuen können. Wieso sollten wir nur an einem Tag oder einer Woche im Jahr diesem Brauch folgen, wenn uns doch das ganze Jahr zur Verfügung steht? Wenn wir unser Innenleben erhellen, das Unklare, Betrübende fallenlassen, dann fühlen wir uns erleichtert und beschwingt, denn Dunkelheit bringt auch Schwere und Müdigkeit, die uns des Nachts in das Unbewusste führen. Erst wenn der Morgen wieder alles erhellt, können wir bewusst empfinden und handeln.

Je mehr wir unser Innenleben erhellen und beleuchten, desto bewusster können wir leben und desto näher kommen wir dadurch der absoluten Wahrheit, die durch das Licht im Geist durchschaubar wird. Herz und Geist, die leuchtend strahlen, sind freudig und zufrieden und verbreiten ihren Glanz um sich herum. Genau wie die Lichter in den Städten die Straßen erhellen, so wirft das Licht der Reinheit und Liebe in uns selbst auch Helligkeit auf alles um uns herum. Erwecken wir dieses Leuchten in uns, bedeutet es, dass wir die dunklen Emotionen immer wieder fallenlassen und uns ständig der Liebe und dem Mitgefühl zu uns selbst und anderen hingeben.

Alles, was negativ und ablehnend ist, führt ins Dunkle, bringt Schwere als Ballast mit sich und nimmt uns dadurch unsere geistige Energie. Wir fühlen uns beschwert und bedrückt. Was hell und leuchtend ist, wirkt erhebend und erleichternd. Der Weg aller spirituellen Lehren führt vom Dunkeln ins Helle, und die Symbolik der Kerzen und Lichter soll uns daran erinnern. In der Hektik des Alltags wird das meistens vergessen. Wir können uns aber vorstellen, dass ein Weg von der Alltagsebene des dualistischen Denkens zu der Helle der Unbeschwertheit durch ein Erkennen der Universalität der Schöpfung zu finden ist. Die Weihnachtslichter können uns daran erinnern, dass diese Möglichkeit für jeden existiert, und wir nicht beschwert von den menschlichen Problemen in der Dunkelheit der Unwissenheit leben müssen.

Unwissenheit bedeutet nicht, dass wir nichts gelernt haben, sondern, dass wir die relative Ebene, auf der wir leben, für die einzige Wahrheit halten. Sie bezieht sich auf unseren Alltagsgeist, der ständig damit beschäftigt ist, mehr zu bekommen, mehr zu haben, mehr zu werden und mehr zu sein. Diese Ebene ist im Allgemeinen in unserem Bewusstsein. Gerade zu dieser Zeit sollten wir die Möglichkeit wahrnehmen, etwas ganz Neues in uns zu erleben, indem wir das Alte, das Negative, Dunkle, Ablehnende und die Rechtfertigungen loslassen. Stattdessen können wir unser Herz in Liebe und Mitgefühl allen Lebewesen schenken und nicht mehr unseren ständigen Beurteilungen und Verurteilungen glauben.

Die Glühbirnen und Kerzen, die wir zur Weihnachtszeit sehen, erleuchten alles; ob wir die Menschen für liebenswert halten oder nicht, spielt da keine Rolle. Jeder bekommt das gleiche Licht. Genauso ist es auch mit unserem Herzen, wenn es geläutert ist. Es macht keinen Unterschied mehr zwischen denen, die zu lieben oder abzulehnen sind, sondern sein Glanz strahlt auf jeden, genau wie die Sonne am Tag und der Mond in der Nacht auf jeden scheinen. Die Weihnachtszeit sollte uns daran erinnern, dass das nicht nur möglich, sondern notwendig ist. Sobald wir das auch nur ansatzweise versuchen, merken wir sofort, was es für uns selbst bedeuten kann. Es ist ein Fallenlassen einer Bürde, die uns schwer auf den Schultern liegt, die wir ständig mit uns herumtragen, an der wir festhalten, weil wir glauben, sie gehöre uns. Dies ist der Anfang einer inneren Leichtigkeit und Beschwingtheit, sodass die Weihnachtslichter das ganze Jahr über brennen können.

Wenn wir uns daran erinnern, dass die Weihnachtsgeschichten symbolische Erzählungen sind, die uns etwas über den menschlichen Geist, das menschliche Herz und unser Potenzial sagen wollen, dann können wir aus dieser Weihnachtszeit einen großen Nutzen für das ganze kommende Jahr ziehen. Wenn die Weihnachtstage zu Ende sind, der Baum seine Nadeln verloren hat und hinausgeworfen worden ist, dann gerät meistens die ganze Weihnachtszeit in Vergessenheit. Aber selbst wenn der Weihnachtsbaum verschwunden ist, sollte uns die Frieden bringende, beglückende Zeit der Lichter doch im Herzen bleiben.

Die drei Weisen, die dem Abendstern gefolgt sind, um das neugeborene Kind zu sehen und ihm zu huldigen, haben auch dort Geschenke hingebracht, und zwar solche, die sie für die schönsten Gaben hielten. Das Licht eines Sternes hat ihnen den Weg zu einer strahlenden Herrlichkeit gewiesen, die symbolisch für die Möglichkeit in jedem Herzen ist. Meister Eckhart hat es das »Fünkelein« genannt, das in jedem Herzen leuchtet. Der Buddha nannte es den »Samen der Erleuchtung«.

Teresa von Avila hat es als »die innere Burg« bezeichnet. Mit allem ist das Gleiche gemeint. Nur die Trägheit und Lässigkeit des Geistes hält uns davon ab, den Weg zu diesem leuchtenden Juwel, das wir alle in uns tragen, zu finden. Der Weg ist jedem, der ihn beschreiten möchte, offen, aber keiner kann ihn für einen anderen bahnen, wir müssen selbst dorthin finden. Dennoch wird jeder Suchende den Weg entdecken.

Die Symbolik dieser Jahreszeit kann uns zu dem Entschluss verhelfen, die weihnachtliche Geburt und die des Neuen Jahres ernst zu nehmen und zum Wachstum unseres inneren Lichtes, unserer inneren Reinheit zu verwenden. Wenn ein Kleinkind keine Fürsorge bekommt, so wird das Kind wohl kaum überleben. Wenn wir diesem leuchtenden Funken in uns keine Pflege angedeihen lassen, so wird er sicherlich verkümmern. Er bleibt sogar verborgen vor uns, denn wir nähern uns ihm nicht. Den Funken des Guten, der Reinheit und des Schönen in uns in Obhut zu nehmen, ist nicht davon abhängig, ob andere den gleichen Weg gehen. Jede Mutter muss auf die Entwicklung ihrer eigenen Kinder achten, ob andere Mütter dies auch tun, braucht keinen Einfluss auf sie zu haben.

Unterschwellig hat jeder Mensch Sehnsucht nach Vollkommenheit. Wir wissen, dass es etwas anderes als den alltäglichen Ablauf gibt, der sich ständig um dasselbe dreht und den Geist immer wieder in die Bahnen von Habenwollen (Gier) oder Loswerdenwollen (Hass) lenkt. Wir sind mit einer Art Tauziehen beschäftigt, indem wir einiges an uns heranziehen und uns von anderem entledigen wollen und vor dem Loslassen Angst haben. Wenn wir ehrlich sind, geben wir sicherlich zu, dass uns Angst öfter heimsucht.

Wir können aber auch gleichzeitig erkennen, dass es von allem das Gegenteil gibt. Angst hat inneren, unantastbaren Frieden als Gegenstück. Wie weit der Weg dorthin ist, können wir am Anfang der Reise nicht wissen. Die drei Weisen, die dem Stern folgten, hatten eine lange Reise, bis sie das neugeborene Kind fanden. Die Reise zu unserem eigenen Herzen ist die längste, die es gibt, aber gleichzeitig auch die kürzeste. Wie weit kann es denn zu unserem eigenen Herzen sein? Zu diesem Weg gehört Ehrlichkeit mit sich selbst und die Bereitschaft, den aufgehäuften Schutt wegzuräumen, sodass das Licht herein kann. Der Buddha hat Ehrlichkeit mit einer offenen Scheune verglichen, wo die Luft hinein kann, um das Heu zu trocknen. Wenn das Heu nass bleibt, vermodert es. Wir müssen alles in uns öffnen, um das Licht hereinzulassen.

Wir können uns einmal überlegen, was für uns das Wichtigste im Leben ist und wozu wir den Rest unseres Lebens verwenden wollen. Wie möchten wir das nächste Jahr zubringen und vor allen Dingen den nächsten Tag? Es ist wichtig, uns darüber klarzuwerden, dass unser ganzes Leben in einem Tag enthalten ist, den wir heute, von morgens bis abends, erleben. Die Zukunft ist eine Hoffnung, und die Vergangenheit ist eine Erinnerung, leben können wir nur jetzt. Die Weihnachtszeit kann uns zur Besinnlichkeit anregen und uns helfen, Erinnerungen und Hoffnungen loszulassen, jeden einzelnen Tag zu erleben und unsere Prioritäten zu untersuchen. Wir können uns selbst fragen: Um was geht es mir? Was bringt mir und anderen Freude? Leuchtet das Licht, das überall angezündet wird, auch in mir und um mich herum? Oder erwarte ich, dass andere das Licht anzünden, sodass ich dadurch sehen kann?

Was wir mit unseren Augen erblicken, ist so minimal, ein so kleiner Teil von allem, was existiert, dass wir das Licht in uns selbst anzünden müssen, um mit dem inneren Auge zu sehen. Unser Sehvermögen ist äußerst begrenzt, aber unser inneres Auge kann die Unendlichkeit schauen. Wir sind zwar ständig darauf angewiesen, unsere körperlichen Augen zu benutzen, weil wir sie zum Überleben benötigen, aber sie können uns niemals die tiefsten Ursprünge der Wahrheit zeigen. Sie können uns das Mysterium des Lebens nicht erklären; das kann nur unser inneres Auge. Wenn wir in uns alles wegräumen, was das Licht in uns verdeckt, dann braucht das Mysterium des Lebens kein Geheimnis zu bleiben. Das leuchtende Strahlen erscheint in dem Augenblick in uns, in dem wir gebend, liebend, hilfreich sind, den Fluss des Lebens erkennen und nicht mehr an »mein«, »mir« und »mich« festhalten wollen. Diese Worte bleiben dann nur noch eine Konvention der Sprache. Dann erleben wir, dass das Licht in uns das innere Auge erleuchtet und wir innerlich genau das sehen, was die großen Meister aller Religionen, die Mystiker aller Zeiten gesehen haben.

Wir alle tragen es in uns, und diese Zeit kann uns besonders daran erinnern. Unser Blick richtet sich dann auf die Universalität und Zusammengehörigkeit der Schöpfung und ihren Urgrund. Beide Dinge, die in dieser Zeit besonders im Vordergrund stehen, das Schenken und die Lichter, können uns für das ganze nächste Jahr ein Wegweiser sein. Wir können jedoch nur einen Tag zur Zeit leben, und dabei spielt jeder Moment eine Rolle. Wenn wir diesen einen Augenblick nicht erleuchten und erhellen, sondern in die Dunkelheit fallenlassen, dann kann der nächste Moment auch nicht leuchten. Daher müssen wir uns immer um die Gegenwart, das Jetzt, kümmern, was in der Meditation besonders geübt wird.

Wenn uns die Weihnachtszeit auch dabei hilft, so hat sie einen wichtigen Zweck erfüllt. Wenn uns diese Zeit aber nichts anderes als Hektik, Herumlaufen und Erledigungen bringt, dann haben wir eine herrliche Gelegenheit zur inneren Einkehr verpasst. Es ist eine Zeit, in der sich auch Menschen grüßen, die sich gar nicht gut kennen und sich sonst das Jahr über nicht umeinander kümmern. Wenn uns das ein Wink sein kann, ist die Symbolik dieser Zeit gut verwendet.

Vielleicht erweckt dies den Wunsch, den Schwerpunkt unseres Lebens auf eine spirituelle Ebene zu verlagern. Der Alltag muss weitergelebt werden, denn es ist nötig, den Körper und alles, was damit zusammenhängt, zu erhalten. Aber wir können die höhere Ebene des Bewusstseins, das Lichte, das Helle, das Liebende, das Gute als Praxis des täglichen Lebens in unseren Alltag hineinbringen, sodass die Lichter, die wir jetzt anzünden, in unseren Herzen weiterleuchten. Je mehr ein Herz leuchtet, desto mehr Menschen können das Licht sehen und sich daran erwärmen, und es bedeutet auch, dass etwas mehr Licht in diese Welt gekommen ist.

Jeder von uns ist verantwortlich für das Lichte oder das Dunkle im Bewusstsein der Menschheit. Wir alle können einen Beitrag zu der Erhellung, dem Glück, der Freude und der Liebe in der Welt leisten. Dieser Beitrag ist unsere Verantwortung der Menschheit gegenüber. Erst wenn wir diese Verantwortung übernehmen, nicht beurteilen, was andere machen, nicht verurteilen, was sie nicht können, sondern das Licht in uns verwirklichen, dann nehmen wir den Geist von Weihnachten ernst und zünden die Lichter in unserem Herzen an, sodass jeder sich daran erfreuen kann.

Weihnachten als neue Geburt

Heute war ich in der Stadt und habe die schönen Weihnachtsdekorationen, den Weihnachtsmarkt und die mannigfaltigen Dinge, die in den Geschäften zum Verkauf angeboten werden, gesehen. Die vielen Menschen, die sich beeilen, ihre Weihnachtseinkäufe zu erledigen, füllten die Stadt. Dabei fing ich an, mir zu überlegen, was Weihnachten wirklich für uns bedeuten sollte.

Das Wort als solches ist bereits eine Einführung in seine Bedeutung: Die Weih-Nacht, eine geweihte Nacht, in der eine Geburt stattgefunden hat, die für die ganze Menschheit von Bedeutung war und noch heute ist, oder vielleicht besser gesagt, sein sollte. Obwohl diese Geburt schon zweitausend Jahre her ist, feiern wir sie dennoch jedes Jahr. Aber feiern wir sie auch richtig? Es ist auf jeden Fall kein Fehler, Geschenke für andere Menschen zu kaufen, denn das hilft uns mehr, an andere zu denken, und das sollten wir nicht nur an Weihnachten tun. Es ist auch schön, Kerzen anzuzünden. In der buddhistischen Symbolik bedeuten Kerzen das Licht der Erleuchtung. Dasselbe können wir auch in den Kerzen der Weihnachtszeit erkennen.

Sehen wir das? Das Licht der Erleuchtung gehört nicht einem bestimmten Menschen. Ein jeder trägt diesen Funken in sich, und dieser Funken ist auch das, was uns hier zusammenbringt, denn sonst würden wir weiter vor dem Fernseher sitzen. Wenn wir also jetzt in diesen Tagen oder am Weihnachtsabend Kerzen anzünden, dann stehen sie für das Licht, das wir in uns tragen. Leider wird es so oft durch unsere Negativitäten, unsere Begierden und Ablehnungen, verschüttet und kann daher nicht glänzen und strahlen. Wir wissen meistens nichts von diesem inneren Licht, denn wir können es nicht sehen, und wenn wir eine Kerze anzünden, sehen wir es auch nicht, sondern sehen nur die brennende Kerze.

Kerzen zünden wir auch zu unseren Geburtstagen an. Hier können wir die Geburt des erleuchteten Geistes feiern und für uns bedeutsam werden lassen. Was bedeutet Geburt? Geburt ist das Jungsein, das Neuerscheinen, neue Kräftigung, und mit diesem neuen Dasein können wir die Welt neu erkennen und erleben. Jedes Geschenk, das wir kaufen oder bekommen, jede Kerze, die wir anzünden, kann nur einen Sinn haben, uns mit dieser Neugeburt zu identifizieren, sodass Weihnachten nicht außerhalb von uns stattfindet, sondern in unserem Herzen.

Was wir wirklich sind und unser Leben ausmacht, ist alles in unserem Innenleben zu finden. Alles Äußerliche erleben wir durch unsere Sinneskontakte. So sehen wir die Kerzen, finden sie hübsch und erfreuen uns an ihrem Licht, aber wir werden unermesslich mehr Freude haben, wenn wir das Licht in uns selbst finden. Weihnachten ist eine Aufforderung an jeden Einzelnen, neu geboren zu werden. Diese Aufforderung sollten wir ernst nehmen. Wenn wir das nicht tun, können wir es nicht aufhalten, dass unser Geist immer älter wird und immer weniger Neues in sich aufnehmen kann. Das Neue, Erbauende und Erhebende für Herz und Geist steht nicht in Büchern geschrieben und kann mit dem Verstand nicht erfasst werden. Wir können es aber erleben.

Wenn wir uns einmal ein Kleinkind anschauen, das schon laufen kann, so ist es voller Energie. Meistens hat es so viel Energie, dass die Eltern oft wünschten, es hätte etwas weniger, weil sie selbst ganz erschöpft davon werden. Das ist nicht nur Körperenergie, denn ein Kleinkind hat nicht so viel davon, sondern es ist Geistesenergie. Es will wissen und kennen lernen, was um es herum geschieht. Es ist voller Wissbegierde, schaut sich alles an, fragt nach allem, fasst es an und kaut darauf herum, um zu erfahren, was das alles ist. Natürlich macht es auch Fehler, aber das schadet ja nichts. Es will vor allen Dingen wissen und erfahren.

Wollen wir wissen? Wollen wir wirklich in die Welt um uns herum hineinschauen und versuchen, sie so zu verstehen, wie sie wirklich ist, oder sind wir durch unsere vorgefassten Meinungen abgestumpft und können darum nichts Neues mehr erleben? Durch unsere festgefahrenen Meinungen, die wir innerhalb der letzten Jahrzehnte aufgebaut haben, haben wir gleichzeitig eine solide Ich-Struktur errichtet. Je weniger wir diese Struktur bezweifeln, desto weniger können wir dem Christkind als Neugeburt nahekommen. Obwohl diese Geburt seit langer Zeit immer wieder gefeiert worden ist, so muss sie dennoch immer wieder neu in uns geschehen.

Wenn wir also diese Neugeburt ernst nehmen, so können wir wie ein Kleinkind aufmerken und die Wahrheit wissen wollen. Wir wollen nicht mit irgendwelchen Vertröstungen abgespeist werden, sondern erfahren, wie Leben und Universum wirklich sind, sodass wir die Dinge dann ohne voreingenommene Meinungen ansehen können. Dann wird vieles ganz klar und einfach, denn mit Ideen, Meinungen und Ansichten, verdecken wir häufig die Wahrheit. Gibt es irgendetwas, worüber wir keine Meinung haben? Das ist recht schwer zu finden.

Wir haben uns mit unseren Meinungen eingekerkert und sitzen mit ihnen wie im Gefängnis. Solange uns Meinungen beschränken, ist die Tür für das Neue verschlossen. Wenn Wissensdrang aufsteigt, ist Geistesenergie vorhanden, die den Boden der Wahrheit erforschen will und nicht mit den Dingen zufrieden ist, wie sie oberflächlich erscheinen.

Ein Kleinkind ist unschuldig, weil es keine Absicht zum Schlechten hat. Wir können uns zu diesem Geburtstag der Weihnacht vornehmen, dass wir die Absicht zum Guten immer wieder in uns erwecken. Der Buddha hat erklärt, *Karma* seien die Absichten, welche die Richtung unseres

Lebens bestimmen. Wenn wir das Gesicht eines Kleinkindes anschauen, so sieht es sehr häufig, vor allem wenn es schläft, wie ein kleiner Engel aus, unschuldig, keine scharfen Linien im Gesicht, kein verzogener Mund, ganz glatte Züge.

Natürlich haben die Jahre der Negativitäten und des Leidens die Linien bei uns geprägt, aber sie brauchen uns nicht zu beherrschen. Wir können uns die Unschuld bewahren, sie wieder neu hervorrufen als eine Neugeburt, die jetzt stattfinden kann. Unschuld will nur das Gute. Es wird uns nicht immer gelingen, aber vorerst kommt es auf unsere Absichten an. Was wollen wir? Wollen wir Gutes denken, sagen und tun, oder warten wir darauf, dass ein anderer Gutes tut? Sind wir dann vielleicht erst einmal dabei zu beurteilen, ob wirklich etwas Gutes geschehen ist und bereit, dies eventuell im gleichen Maße zurückzugeben? Das ist die Marktplatzmentalität, die Einkauf und Verkauf reguliert. Unschuld bedeutet, einfach zu sein und zu geben.

Ein Kleinkind hat auch die Fähigkeit, Dinge ganz unbefangen, neu, ohne Vorurteile zu sehen. Das ist vielleicht einer der wichtigsten Punkte, der für uns ausschlaggebend sein kann. Neu-sehen-können ist schwierig, denn es bedeutet, dass wir uns nicht von dem beeinflussen lassen, was um uns herum gedacht und gesagt wird, sondern nach innen gehen, in unsere Mitte, um zu erkennen, was für uns selbst bedeutsam und wichtig ist. Ist es die Welt um uns herum, in der es immer wieder neue Dinge zu kaufen und zu verkaufen, zu beurteilen und zu verurteilen gibt und vieles begehrens- oder ablehnenswert ist? Ist das am wichtigsten für uns? Oder gibt es eine andere, viel tiefer weisende Wahrheit, welche die Geburt, die in der Weihnachtsnacht stattgefunden hat, für uns symbolisieren kann? Eine Wahrheit, die wir nur in uns selbst finden können?

Draußen in der Welt ist sie nicht zu finden, denn dort gibt es nichts anderes als das, was unsere Sinne berührt, was wir sehen, hören, schmecken, riechen, berühren und denken. Aber die tiefste Wahrheit, die in uns liegt, sieht ganz anders aus; sie ist unabhängig von allen Sinneskontakten. Gerade zur Weihnachtszeit werden unsere Sinne besonders stark in Anspruch genommen. Ständig gibt es etwas Neues zu sehen, zu schmecken oder auch zu hören. Das soll dann, nach Meinung der meisten, Weihnachten sein. Kann es das wirklich sein? Wir können darüber einmal in Ruhe nachdenken und feststellen, was Weihnachten für uns bedeuten könnte und was wirklich wichtig für uns ist.

Weihnachten wird sehr oft mit »Frieden auf Erden« beschrieben. Eine erstklassige Idee, nicht wahr? Wir sind sicher alle damit einverstanden. Es bleibt nur eine Frage übrig: Wie macht man das? Alle Ideen, die je im Umlauf waren und dies ermöglichen sollten, sind immer wieder fehlgeschlagen. Auch in diesem Moment erschießen sich Menschen gegenseitig. Frieden wäre ein Anknüpfungspunkt und nicht immer nur die Lebkuchen. Es ist nichts gegen Lebkuchen einzuwenden, aber sie sind doch nicht Weihnachten. Sie bleiben immer nur Lebkuchen.

Irgendwo müssen wir einen Anfang machen zu erkennen, worum es wirklich geht. Wenn es uns um »Frieden auf Erden« geht, wo können wir anfangen? Anderen Leuten erzählen, wie sie Frieden machen sollen? Oder bei uns selbst beginnen? Ein Mensch, der Frieden in sich findet, verändert die Welt. Der Buddha war so ein Mensch, und heute gibt es etwa 300 Millionen Buddhisten. Jesus hatte ebenfalls den inneren Frieden gefunden, und jetzt gibt es etwa 1,7 Milliarden Christen. Natürlich können wir nicht wie Jesus und Buddha sein, aber dennoch können wir inneren Frieden entwickeln. Dann wird es auch möglich sein, dass alle Menschen, mit denen wir zusammenkommen, auch etwas Friedvolles zu spüren bekommen. Das wäre ja schon genug. Aber wie macht man das?

Immer wieder wird geglaubt, dass wir anderen Leuten erzählen müssen, wie sie Frieden machen sollen. Selbst in unserer Kleinstadt waren riesengroße Plakate, die erzählten, wer alles schuld daran sei, dass kein Frieden herrscht. Wenn es nicht so traurig wäre, wäre es lachhaft. Unser eigenes Herz ist daran schuld, dass kein Frieden herrscht, und nichts anderes. Wenn wir fünf Milliarden Menschen auf der Welt hätten, die alle Frieden im Herzen empfinden, würden wir uns nie darüber zu unterhalten brauchen. Es wäre eine solche Selbstverständlichkeit, dass es kein Thema mehr wäre. Da aber unter diesen fünf Milliarden Menschen sehr schwer auch nur einer zu finden ist, der wirklichen Frieden in sich hat, ist dies auch ein sehr wichtiges Thema. Die Politiker zu beschimpfen, so wie es auf den Plakaten geschah, ist lächerlich. Politiker haben genauso viel *Dukkha* wie wir und wissen genauso wenig wie wir. Sie haben sich nur in eine Situation hineinmanövriert, in der sie jetzt öffentlich zur Rechenschaft gezogen werden können.

Frieden müssen wir im eigenen Herzen finden. Es bedeutet bestimmt nicht, uns alles kaufen zu können, was wir haben möchten, und auch nicht, dass wir uns von dem abschirmen, was uns nicht gefällt und uns nur damit beschäftigen, was uns angenehm erscheint. Frieden im Herzen bedeutet letztendlich, dass wir die tiefste Wahrheit der Existenz in uns erkannt haben und damit zufrieden sind, wir also nichts mehr weiter wollen. Frieden kann nur für einen Menschen entstehen, der zufrieden ist. Aber nicht weil er sich nun alles kaufen kann, sondern weil er gesehen hat, dass alles, was käuflich ist, sowieso nicht zufriedenstellend ist. Wir müssen einmal erkennen, dass alles, was uns durch die Sinne zuteil wird, nicht befriedigend sein kann, weil es sofort wieder verschwindet.

Ein Mensch, der wirklichen, unerschütterlichen Frieden in sich empfindet, kann durch äußere Ereignisse nicht mehr gestört werden, denn er hat eine andere Wahrheit in sich erkannt. Wenn wir auf dem Totenbett noch einmal betrachten, wonach wir in unserer flüchtigen Existenz gestrebt haben, wird uns die verschwendete Zeit wahrscheinlich Leid tun. Alles Äußere, Weltliche, das uns so wichtig und bedeutsam erscheint, ist flüchtig und vergänglich. Was wir aber in unserem Innenleben verwirklichen können, das kann auch vielen anderen hilfreich sein und kann den inneren Funken zur Blüte, zum Licht bringen, sodass ihn andere auch klarer sehen können.

Immer wieder gibt es Menschen, die sich tiefen Frieden erarbeiten, ihn in sich verspüren und um sich herum verbreiten wollen. Für sie ist alles zufriedenstellend, so wie es ist. Was uns immer wieder zum Unfrieden führt, sind unsere Begierden und unser Hass. Das ist vielleicht die wichtigste Lektion bei unserer Neugeburt.

Wenn wir die Weihnachtsnacht mit einer neuen Geburt vergleichen, so müssen wir uns dabei auch erinnern, dass wir im Grunde tagtäglich neu geboren werden. Wenn es uns wichtig erscheint, zum Licht hinzustreben, dann ist jeder einzelne Tag für uns eine Möglichkeit dazu, denn jeder Morgen ist ein neuer Beginn. Ganz besonders symbolisiert ist dies natürlich durch den Weihnachtstag, aber an sich ist jeder einzelne Morgen genauso neu. Der Tag ist jung, und wir sind kräftig. Körper- und Geisteskräfte sind noch unverbraucht. In der Jugend mit unverbrauchten Kräften haben wir die Möglichkeit, einmal alles neu zu sehen, als ob wir es noch nie gesehen hätten, als ob es noch nie geschehen wäre.

Das könnten wir morgen früh gleich einmal ausprobieren. Alles, was wir tun, jede Handlung, jede Bewegung, jeden Gedanken, jedes Gefühl können wir einmal so betrachten, als ob es noch nie geschehen wäre. Unser Unglück ist, dass wir im Wachen schlafen. Deswegen wird der Buddha der »Erwachte« genannt, weil ein Erleuchteter von dem Traum erwacht ist, der uns alle umfängt. Jeder Mensch, der nicht erleuchtet ist, denkt, fühlt und reagiert wie im Schlaf. Wir passen im Allgemeinen nicht auf das auf, was wir tun, sondern reagieren automatisch auf unsere Sinneskontakte. Morgen früh können wir anfangen, jede Bewegung zu betrachten und einmal zu erforschen: Wer macht das eigentlich? Wie kam das eigentlich zustande? Wer denkt? Wer fühlt? Wer reagiert? Wer ist das, der »Ich« heißt? Wer ist das »Ich«, das im Mittelpunkt des Geschehens steht? Gibt es noch einen anderen Mittelpunkt des Geschehens? Bin ich dem inneren Funken nah oder fern? Leuchtet in mir der Glanz des Lichts oder bin ich eingeschlafen, während ich mit offenen Augen herumlaufe?

Das wäre eine Neugeburt; sie geschieht jeden Morgen. Wenn der Tag abläuft, wird er natürlich älter, und wir selbst werden müder, und am Abend geschieht der kleine Tod des Schlafs. Sind wir uns klar darüber, dass dieser eine Tag unwiederbringlich ist, dass es ihn nur einmal gibt? Haben wir ihn wirklich zu guten Zwecken genutzt, oder haben wir die Zeit verschwendet, indem wir nichts weiter getan haben, als unser »Ich« durch mehr Wissen, mehr Können, mehr Wollen, mehr Denken zu bestätigen? Oder haben wir wirklich erkannt, dass uns nur die Idee, dass wir wirklich jemand sind und noch dazu jemand Wichtiges, von der Erkenntnis des reinen Lichtes abhält? Das ist das Einzige, was uns die Wahrheit verschleiert.

»Nur wer sein Leben aufgibt, hat ewiges Leben.« Das bedeutet nicht, den Körper loszuwerden. Immer wieder hat die Menschheit geschlafen. Wir glauben, wir hören; aber das Gehörte dann auch wirklich nachzuvollziehen, erfordert so einen Umschwung, eine Neugeburt, dass es den meisten Menschen überhaupt nicht in den Sinn kommt. Eine Neugeburt bedeutet, dass wir das Alte loslassen. Die meisten Menschen möchten gerne das Alte behalten und etwas Neues dazutun. Darum gehen wir ja immer neue Sachen kaufen und behalten die alten auch noch. Neugeburt ist nur möglich, wenn wir das Alte loslassen. Wenn der alte Mensch losgelassen ist, so wie der alte Tag losgelassen wird, dann kann der neue Mensch aufwachen.

Was können wir loslassen? Vor allem einmal Meinungen und Ansichten. Das ist leichter gesagt als getan. Je mehr wir mit Meinungen und Ansichten angefüllt sind, desto weniger Offenheit haben wir, um eine Neugeburt stattfinden zu lassen. Wenn wir einige unserer Meinungen anzweifeln können und immer wieder nachprüfen, wer das ist, der so vieles denkt, weiß, will, kann und glaubt, so hilft uns das, von dem Alten loszulassen. Wir müssen unbedingt unsere Ablehnungen loslassen, ob wir glauben, dass sie berechtigt sind oder nicht. Sie sind Barrieren für uns, denn zum Ablehnen müssen wir eine Barriere aufstellen, sodass uns nichts nahekommen kann. Je mehr Barrieren wir aufgebaut haben, desto weniger kann das Neue in uns hinein.

Zur Neugeburt gehört auch Vertrauen. Wenn wir uns ein Kleinkind anschauen, so sehen wir nicht nur viel Körper- und Geistesenergie, Wissbegierde und neues Erkennen, sondern auch Vertrauen. Es hat volles Vertrauen, dass die Eltern es vor Gefahren beschützen werden. Wem können wir unser volles Vertrauen schenken? Sehr häufig sagen Menschen: »Ich kann niemandem vertrauen, mein Vertrauen könnte missbraucht werden.« Ein Kleinkind würde nie denken: »Meiner Mutter kann ich nicht vertrauen, sie könnte es ja missbrauchen.« Ohne Vertrauen können wir nicht lieben und ohne Liebe können wir uns nicht hingeben. Wem können wir also vertrauen? Wenn wir einen anderen Menschen suchen, dem wir vertrauen wollen, so finden wir nur die gleiche Vergänglichkeit wie in uns selbst. Noch dazu wird jeder unerleuchtete Mensch von den gleichen Schwierigkeiten heimgesucht wie wir selbst. Das heißt also, dass wir unser Vertrauen nur bedingt verschenken können, was wir auch im Allgemeinen tun. Aber die vollkomme Hingabe ist ja das, was ein religiöser und spirituell veranlagter Mensch eigentlich sucht, ob er sich dessen bewusst ist oder nicht. Völlige Hingabe kann zur völligen Auflösung des Ichs führen, sodass unsere Grenzen nicht mehr klein und einengend sind wie bisher, sondern dass wir uns im All eingebettet fühlen. Unser Vertrauen muss sich daher dem höchsten Ideal zuneigen, wie immer wir es auch nennen wollen.

Alle Unterschiede zwischen den verschiedenen Religionen haben sich die Menschen selbst ausgedacht. Aber es gibt nur eine Wahrheit. Alle religiösen Meister haben immer wieder dasselbe gelehrt, mit anderen Worten natürlich, da sie aus anderen Kulturkreisen stammten, aber immer derselben Wahrheit verbunden. Wenn wir also eine Religion ablehnen, weil wir zu einer anderen gehören wollen, so ist dies genauso eine Barrikade wie die Ablehnung eines Menschen, weil wir einen anderen lieber haben. Es sind Mauern, mit denen wir uns selbst ein Gefängnis bauen.

Uneingeschränktes Vertrauen bedeutet völlige Hingabe. Mit völliger Hingabe ist es möglich, das spirituelle Leben in sich auch zu erleben und nicht nur zu erhoffen. Viele Menschen erhoffen es. Die meisten Menschen denken nie daran. Aber um es zu erleben, brauchen wir Vertrauen, dass es etwas viel Höheres gibt als uns selbst, und dass unser kleines, bedingtes Ich uns davon abhält, dies kennen zu lernen. Durch völlige Hingabe können wir unsere Ich-Bezogenheit momentan auflösen und mit der universellen Schöpfung verschmelzen.

Meditation ermöglicht uns das. Dieses Erleben ist dann auch wiederholbar und ändert unsere Sicht. Aber der erste Schritt ist und bleibt das Vertrauen. Auch Meditation ist nicht ohne Vertrauen möglich. Ein Mensch, der nur sich selbst vertraut und immer nur seinen eigenen Gedanken glaubt, kann nicht meditieren, denn er muss ja die ganze Zeit denken, sonst bleibt ihm ja nichts, dem er vertrauen könnte. Erst in dem Moment, in dem wir uns hingeben können und genug Vertrauen haben, um uns in unser eigenes Innenleben fallenzulassen, in dem selbst das Höchste und Größte zu finden ist, können wir auch meditieren. Meditation, Kontemplation, Gebet sind verschiedene Bezeichnungen, aber sie bedeuten dasselbe. Alle verlangen ein Sich-Aufgeben in dem Vertrauen, dass es etwas viel Höheres und Größeres gibt als uns selbst, dem wir uns vollkommen, ohne jegliche Gefahr, hingeben können.

Dazu gehört auch, dass wir bereit sind, das Alte fallenzulassen, um eine Neugeburt zu erleben. Das Alte sind unsere Gedankenmuster und Gewohnheiten, die uns immer wieder bestätigen. Wenn wir das einmal aufgeben können, dann haben wir die Möglichkeit, etwas Neues kennen zu lernen. Es ist vielleicht notwendig, jetzt zur Weihnachtszeit nicht nur an die Einkäufe oder an das Backen von Kuchen und Lebkuchen oder das Putzen des Hauses zu denken. Obwohl diese Dinge auch zur Freude anderer gereichen, genügen sie dennoch nicht. Das Haus, das wir säubern können, ist unser Innenleben. Das können wir vielleicht zu Weihnachten ganz besonders putzen, sodass sich jeder darin wohlfühlen kann. Genauso wie sich jeder in einem Haus wohlfühlt, wo wir die Fußböden gereinigt und die Vorhänge gewaschen haben. Aber wenn unser Innenleben nicht gesäubert ist, fühlen wir uns trotzdem nicht wohl. Wir sind immer wieder der Erregung, der Rastlosigkeit, den Sorgen, dem Kummer, den Wünschen, der Unzufriedenheit ausgesetzt.

Es ist eine wunderbare Zeit des Jahres, um bei uns innen einmal aufzuräumen. Wir können unsere unerfüllten Wünsche anschauen und sehen, wie sie uns immer wieder zur Rastlosigkeit führen und können erkunden, ob es Wünsche sind, deren Erfüllung notwendig ist, oder ob wir sie nicht viel besser fallen lassen könnten.

Wir können unsere Ablehnungen einmal betrachten und sehen, ob diese wirklich die Welt verbessern können, oder ob es nicht viel einfacher und friedlicher wäre, wenn wir sie fallenließen, und ob wir uns dann nicht viel ruhiger und geläuterter fühlen würden. Auf diese Weise können wir Altes fallenlassen und Neues zur Geburt bringen.

Zugleich wird mit Vertrauen auch Liebe aufsteigen. Leider ist das Wort »Liebe« so überstrapaziert, dass es von den meisten Menschen vollkommen missverstanden wird. Bei »Liebe« wird immer wieder geglaubt, dass es sich um irgendwelche bestimmten Menschen handelt. Obwohl wir natürlich auch bestimmte Menschen lieben können, so hat das dennoch nichts mit der Art Liebe zu tun, die zu dieser Neugeburt gehört. Diese Liebe ist eine bedingungslose, die sich nicht auf das Menschliche, Vergängliche bezieht, sondern sich mit geöffneten Armen vertrauensvoll und selbstvergessen dem All hingibt und mit allem Existierenden eins wird.

Natürlich sind alle Menschen um einen herum miteinbezogen, aber nicht, weil sie so liebenswert oder eventuell gar nicht liebenswert sind, oder etwa, weil sie uns lieben, oder geliebt werden wollen. Das wäre keine Liebe, sondern unser Marktplatz-Bewusstsein, nicht erfüllend und nicht zufriedenstellend. Dabei sind wir ständig von den Menschen um uns herum und von unseren eigenen Gemütsstimmungen abhängig. Einmal können wir lieben, ein anderes Mal nicht; zeitweilig finden wir jemanden liebenswert, manches Mal gar nicht. Was nützt uns das? Wenn Vertrauen und Selbstvergessenheit soweit gewachsen sind, dass wir uns wirklich dem höchsten Ideal, dem alles Einschließenden hingeben können, dann erwacht die Liebe im Herzen ohne Bedingungen und bleibt auch im Herzen, jederzeit abrufbar und jederzeit fühlbar.

Der Wunsch geliebt zu werden, der Menschen im Allgemeinen beherrscht, wird dann als Eigenliebe erkannt. Wenn uns dann jemand wirklich liebt, sind wir bereit, dies zu akzeptieren und auch wiederzulieben. Aber was soll uns das?

Das ist die Liebe des anderen. Das ist so begrenzt und beengt, als ob wir die Abhängigkeit eines Sklaven hätten. Es ist eine ewige Suche, die nie befriedigend sein kann. Nur die Hingabe zu dem höchsten Ideal, dem Allumfassenden, *Nibbāna*, dem Urgrund, wie wir es auch immer nennen wollen, kann Erfüllung schenken. Meister Eckhart hat es die »Gottheit« genannt, die hinter Gott steht. Erst wenn man ein Gefühl des Sich-

Näherns bekommt, weiß man, dass die Worte nicht die Wahrheit sind, sondern versucht wird, die Wahrheit in Worten auszudrücken. Wir sind ein Teil dieser umfassenden Wahrheit, doch wenn wir uns immer wieder damit beschäftigen, ob uns jemand liebt oder ob wir wirklich lieben können, oder dass wir geliebt werden möchten, werden wir keine wahre Erfüllung finden.

Jeder Mensch ist fehlbar; jeder Mensch ist sterblich und kann vor uns sterben. Was nützt uns dann diese weltliche Liebe im Herzen? Liebe ist Hingabe. Wenn sie in uns erwacht, ist sie für jeden zugänglich. Ein Kleinkind hat häufig überhaupt keine Schwierigkeiten, jeden zu lieben. Es überlegt sich gar nicht, ob dieser Mensch liebenswert ist. Liebe ist einfach vorhanden.

Weihnachten könnte uns vielleicht diese Liebe zu unserer Neugeburt bescheren. Weihnachten sollte ein religiöses Fest sein, aber was verstehen wir unter Religion? Die Religionen hatten nie etwas anderes im Sinn, als den Menschen zu zeigen, dass das rein materielle Leben nie zum Glück führen kann. Vielleicht können wir uns jetzt durch das Fest darauf besinnen. Auf Weihnachten folgt Neujahr. Da fassen wir dann gute Vorsätze für das Neue Jahr. Das ist eine sehr gute Sitte. Wir können aber schon heute damit anfangen, wir brauchen nicht bis Neujahr zu warten.

Jeder Tag ist eine Neugeburt, eine Wiedergeburt. Jetzt sind wir hier, dieser eine Tag ist uns gewiss, alle anderen Tage sind vorbei, verloren. Was wir an diesem einen Tag in uns haben, haben wir in den vergangenen Jahren angesammelt. Wenn wir morgen früh mit Ärger und Ablehnung aufwachen, dann haben wir das in uns aufgespeichert. Wachen wir mit Liebe und Freude auf, dann haben wir das angesammelt. Die Zukunft ist eine Hoffnung, aber keine Garantie. Dieser eine Tag ist unser ganzes Leben. Was machen wir aus diesem einen Tag? Wie können wir unser Leben gestalten? Wie können wir es neu gestalten, sodass in uns die Unschuld, die Wissbegierde, die innere Freude, das

Vertrauen und die bedingungslose Hingabe eines Kindes wieder erwachen? Vielleicht können wir uns an die Unschuld unserer Kindheit erinnern oder sie bei kleinen Kindern beobachten. Wir brauchen nicht zu glauben, dass wir durch unser angelerntes Wissen dem Kind in irgendeiner Weise voraus wären. Eventuell haben wir die Möglichkeit des klareren Erfassens, wenn wir unsere Meinungen fallenlassen.

Morgen früh ist unsere Wiedergeburt. Daran brauchen wir weder zu glauben, noch es zu bezweifeln, wir können es erleben. Wenn der Wecker klingelt, sind wir wieder voll im Leben. Das ist der Moment, in dem wir uns über eine Neugeburt klarwerden können. Was will ich in mir zur Geburt bringen? Geburten sind schwierig; sie können nur geschehen, wenn das Alte losgelassen wird und sie sind immer mit Schmerzen verbunden, weil sich das Neue erst Platz schaffen muss.

Der Buddha hat die liebende Güte als einen elffachen Segen bezeichnet. Liebende Güte ist nicht persönlichkeitsbezogene Liebe, bei der wir uns zwei, drei oder vier Menschen aus fünf Milliarden ausgesucht haben und nun diese zu lieben versuchen. Es ist die allumfassende Liebe, die sich nicht auf das Persönliche begrenzt, sondern die unser Herz mit Wärme und Freude erfüllen kann. Der Buddha hat Folgendes gesagt: »Hat man die liebende Güte, die gemütserlösende Liebe, gepflegt, entfaltet, häufig geübt, sie zur Triebfeder und Grundlage gemacht, sie gefestigt, großgezogen und zur rechten Vollendung gebracht, so hat man viele Vorteile zu erwarten.« Die Liebe wird als »Triebfeder« bezeichnet, weil sie uns einen inneren Ansporn gibt, alle Menschen in unser Herz hereinzulassen. Wenn wir uns mit allem Existierenden verbunden fühlen, verliert sich das Gemüt nicht in Ablehnungen oder Depressionen und hat auch keine Trägheit in sich. Die Liebe spornt uns zum Guten an, wenn sie »gefestigt«, »großgezogen« und »zur rechten Vollendung« gebracht ist.

»Man schläft friedlich, man erwacht friedlich,

man hat keine bösen Träume, man ist den Menschen lieb und man ist auch den übermenschlichen Wesen lieb.« In der buddhistischen Terminologie sind diese Wesen die *Devas*, die mit Engeln zu vergleichen sind. Da wir mit den Gedanken zu Bett gehen, die wir tagsüber gehabt haben, so ist die liebende Güte das beste Mittel zur Ruhe.

»Feuer, Gift und Waffen können einem nicht schaden.« Das heißt, ein Mensch, der Liebe ausströmt, wird nicht angegriffen.

»Der Geist sammelt sich schnell.« Weil wir uns nicht mit Ärgernissen und Problemen abgeben, können wir leicht meditieren.

»Der Gesichtsausdruck ist heiter. Man hat einen ungestörten Tod. Und sollte man nicht zur Erlösung vordringen, so wird man auf der höchsten Bewusstseinsebene wiedergeboren.« Die Vollendung der liebenden Güte eröffnet einem die Möglichkeit einer Bewusstseinsebene, die sozusagen »das Paradies auf Erden« ist. Es geht nicht um das äußere Utopia, sondern um das innere Erleben.

Dann wiederholt der Buddha: »Hat man die liebende Güte, die gemütserlösende, gepflegt, entfaltet und häufig geübt, sie zur Triebfeder und Grundlage gemacht, sie gefestigt, großgezogen, zur rechten Vollendung gebracht, so hat man diese Vorteile.«

Diese Liebe wird die »gemütserlösende« genannt, weil wir dadurch von den Negativitäten, der Unruhe, der Unzufriedenheit erlöst werden. Das reine Herz sieht keine Unreinheiten.

Wir können uns vielleicht das Weihnachtsfest als einen spirituellen Aufbruch im Herzen vorstellen und es dazu verwenden, um neue Vorsätze in uns zu festigen. Diese neuen Vorsätze brauchen ja nur kleine Schritte zu sein, aber wichtig ist dabei, dass wir zu der Unschuld des Kindes zurückfinden und alles unvoreingenommen und rein sehen können.

Eine Zuflucht im Herzen

Wenn Menschen bei uns anklopfen und unsere Hilfe, Liebe und Fürsorge suchen, haben wir oft keinen Platz für sie in unserem Leben, weil unser eigenes Wohlergehen uns wichtiger erscheint. Wir müssen einmal nachdenken, ob unser spirituelles Wohlergehen nicht wichtiger ist als das körperliche. Der Körper verlangt natürlich auch sein Recht, aber er muss nicht an erster Stelle stehen. Wir können in unserem Herzen Platz schaffen, nicht nur für das eigene spirituelle Wachstum, sondern auch für alle Menschen, die Zuflucht suchen.

Eines Tages wird es nicht mehr nötig sein, dass angeklopft wird, wir haben dann sowieso schon eine offene Herzenstür. Mir scheint, dass da die

Symbolik der Weihnachtszeit, als Maria und Josef eine Zuflucht in der Herberge verwehrt wurde, für uns von äußerster Wichtigkeit ist, denn so spielt es sich bei jedem von uns immer wieder ab. Nicht nur, dass uns der Körper als viel zu wichtig erscheint und wir daher keine Zeit haben, uns um unseren Geist zu kümmern, sondern auch, dass wir einzig und allein um unsere eigenen Anliegen bemüht sind. Zu dieser Jahreszeit wäre es vielleicht hilfreich, uns daran zu erinnern, dass es schon immer so gewesen ist und auch so bleiben wird, wenn wir nicht einmal fest entschlossen eingreifen.

Von Natur aus ist der Mensch sich immer selbst der Liebste und Wichtigste. Das Ereignis, das zu dieser Jahreszeit gefeiert wird, ist die Geburt, die neue Lebenskraft mit sich bringt. Dies bedeutet, dass wir unseren Geist absichtlich in eine neue Richtung lenken können. Viel Willenskraft ist erforderlich, um diesen Entschluss immer wieder neu aufleben zu lassen. Bei jeder Geburt stehen wir vor einem Rätsel. Wir wissen ja nicht, was aus dem neugeborenen Wesen einmal werden wird. Wir hoffen, dass es glücklich und gesund sein wird. Wir können aber genauso Ängste ausstehen, dass dem nicht so sein wird, oder wir stehen einfach davor, ohne zu wissen, was wir erwarten können. Genauso ist es bei der spirituellen Geburt. Obwohl wir den Entschluss dazu fassen und immer wieder erneuern, so stehen wir dennoch vor dem Unbekannten.

Meditation ist ein wichtiger Teil der spirituellen Erneuerung. Sie hilft uns, zur Ruhe zu kommen und ein verinnerlichtes Erleben, ganz anders als im täglichen Leben, zu erfahren. Dennoch bedeutet dies noch nicht, dass wir in der Lage sind, unsere spirituelle Neugeburt durch die Herzensöffnung zu erlangen, weil wir ja noch nicht wissen, was wir zu tun haben. Es ist Neuland, und wir haben keinerlei Konzepte, die wir verwenden können. Aber die Meditation hilft uns, geistige Kraft zu schöpfen, mit der wir dann mutig an das Neue herangehen können, um es auszuprobieren. Gleichzeitig erfahren wir auch innere Sicherheit, die es uns ermöglicht zu erkennen, was in uns vorgeht.

Meistens ist das spirituelle Wachstum genauso langsam und unmerklich wie die Entwicklung eines kleinen Kindes, wobei es nicht zu erkennen ist, dass es von Sekunde zu Sekunde größer wird. Dennoch hat es sich von der Geburt bis zum Alter von einem Monat schon sehr verändert. Wenn wir es ein Jahr, vier, acht oder zwölf Jahre später sehen, ist es wohl nicht mehr wiederzuerkennen. Die Veränderung ist ständig, und besonders am Anfang ist sie rapide, obwohl wir den Prozess nicht direkt wahrnehmen können. Bei dem spirituellen Wachstum ist die Veränderung nicht ganz so deutlich, dennoch erkennen wir sie bestimmt, wenn wir nach zwei Jahren Rückblick halten. Ein langsames Öffnen geht da vor sich, die harte Kruste der Ego-Bezogenheit wird durchlässig und unser Gefühlsleben erweitert. Auch in der Weihnachtsgeschichte waren die Inhaber der Herbergen hart und ablehnend und ließen niemanden herein.

Diese Härte in unseren Herzen kann aufgeweicht werden. Wenn das geschieht, dann entsteht sehr viel Freiraum in unserem Herzen, in dem jeder noch so Fremde Platz finden kann. Um genügend Raum zu schaffen, lassen wir alles fallen, was uns daran hindert, die Menschheit in Liebe zu umarmen. Wenn wir gewillt sind, bei der Geburt des Reinen, Edlen und Schönen mitzuhelfen, dann können wir lernen, uns in Demut und Hingabe den höchsten Idealen zu nähern.

Viele unserer Schwierigkeiten entstehen dadurch, dass wir glauben, dass es außer unseren fünf Sinnen und dem Denken nichts anderes gibt und wir durch sie Erfüllung finden können. Es gibt keinen Moment Ruhe, da die Sinneseindrücke ständig hinein- und herausgehen. Wenn wir das eines Tages einmal erkannt haben, dann werden wir die Erfüllung unseres Herzens und Geistes nicht mehr auf diese Weise erwarten. Wir werden nie mehr versuchen, die innere Herberge mit unseren Sinneskontakten anzufüllen, sondern wir wissen, dass uns unsere Suche nach Zuflucht woandershin führen muss.

Wenn wir wirkliche Erfüllung finden wollen, müssen wir die harte Kruste der Ich-Bezogenheit immer mehr auflösen. Unsere Sinneskontakte und Erlebnisse sind natürlich immer mit dem »Ich« verhaftet. Nur »ich« kann sehen, hören, schmecken, riechen, denken usw. Solange wir uns auf dieser Ebene bewegen, ist die Herberge unseres Herzens voll. Wir sind mit der Welt beschäftigt, suchen unser Glück in der Welt und versuchen, es für uns selbst zu bekommen und zu behalten. Selten können wir andere Menschen miteinbeziehen. Wenn wir eingesehen haben, dass wir auf diese Art bestimmt nicht zum inneren Glück kommen, dann eröffnet sich die Möglichkeit der »offenen Tür«. Wir haben dann die Bereitschaft, unser eigenes Herz zu untersuchen und festzustellen, was sich eigentlich darin befindet. Wie sieht unser Gefühlsleben aus? Aus welchen Regungen besteht es und wie äußern sich diese? Haben wir Raum im Herzen für Fremde? Sind wir gewillt, uns einer neuen Geburt hinzugeben?

Wenn wir erkennen, dass wir Raum im Herzen schaffen können, haben wir den ersten Schritt getan. Wir fangen an, uns mit unserem Gefühlsleben zu beschäftigen und nicht nur mit den Dingen, die wir durch unsere Sinne erleben. Unser Gefühlsleben ist unser Innenleben und daher der wichtigste Teil unserer Existenz. Wir glauben häufig, dass wir unser Leben erdenken können, aber in Wirklichkeit können wir es nur durch unsere Gefühle erleben. Wenn wir also den Weg zur Freiheit, zum inneren Glück, gehen wollen, so bedeutet das, Liebe und Mitgefühl als willkommene Freunde in unserem Herzen zu beherbergen. Aber nicht eine bewertende Liebe, die sich aussucht, ob jemand liebenswert ist oder nicht, sondern die Herzensentwicklung der »offenen Tür«. Alle anderen Gäste in unserem Herzen sind Störenfriede. Sie machen uns das Leben schwer und bereiten uns Kummer. Aber unser Herz birgt jegliche Fähigkeiten in sich.

Wir können uns einmal vorstellen, dass wir zum Beispiel der Inhaber der Herberge sind, in der Josef und Maria Zuflucht suchten. Heute wissen wir, wie wichtig es gewesen wäre, sie hereinzulassen. Wir wollen jetzt nicht wieder den gleichen Fehler begehen, denn wir können ja heute genausowenig wissen, wer eigentlich vor uns steht und um Zuflucht ersucht. Jeder Einzelne, der bei uns anklopft, könnte von größter Wichtigkeit sein, denn wir können das genausowenig erkennen wie der damalige Herbergsbesitzer. Das bedeutet, dass wir mit dem Beurteilen aufhören und stattdessen die Tatsache akzeptieren, dass unser Herz nichts anderes ist als eine Herberge für Liebe und Mitgefühl.

Wenn wir aufhören zu beurteilen, dann hören wir auch auf zu verurteilen, und dann bekommt unser Herz die Funktion, für die es geschaffen wurde. Es öffnet und weitet sich so, dass für jeden darin Platz ist. Genauso wie jeder Herbergsbesitzer, sind auch wir gewöhnt, Bezahlung für unsere Liebe zu erwarten, nämlich in Form von Gegenliebe. Wir wollen liebenswürdig und freundlich behandelt werden, sonst versagen wir unsere Liebe. Aber das ist die weltliche Ebene, auf der wir nur so viel geben, wie wir auch bekommen können. Wenn wir nur solche Menschen in unserem Herzen aufnehmen, die auf diese Art und Weise bezahlen, so sind wir immer dabei zu beurteilen und zu verurteilen. Wir verkomplizieren unser Leben sehr, wenn wir ständig versuchen, andere Menschen zu durchschauen und nur einigen wenigen den Vorzug geben. Ganz anders sieht es aus, wenn unsere Herzenstore immer offen sind.

Das bedeutet nun nicht, dass wir uns willkürlich von anderen bestimmen lassen. Es bedeutet einfach, dass der Platz, den wir in unserem Herzen mit Liebe und Mitgefühl angefüllt haben, für jeden ein angenehmer, ruhevoller Ort sein kann. Das ist es, was die Menschheit am meisten braucht und sucht. Jeder hätte gern eine Stätte, wo er ohne Beurteilung oder Verurteilung akzeptiert wird, zur

Ruhe kommen kann und Zuflucht findet. Aber im Prinzip funktioniert es am besten, wenn wir erst einmal diese Zuflucht eines inneren Heimes in uns schaffen, um es dann für alle anderen Menschen öffnen zu können. Dabei geht natürlich schon viel von unserer Ego-Bezogenheit in die Brüche, wodurch unser Leben viel einfacher wird. Viele Menschen glauben, nicht egoistisch zu sein, wenn sie Geschenke machen, Freunde einladen oder Hilfsorganisationen unterstützen. Es ist auf jeden Fall ein guter Anfang auf der weltlichen Ebene, der uns schon von Kindheit an vertraut gemacht worden ist.

Aber der spirituelle Weg spielt sich doch auf einer anderen Ebene ab. Es handelt sich dabei einzig und allein um unsere Gefühlswelt. Wenn wir uns darüber klarwerden, was sich in unserem Herzen abspielt, merken wir, wie häufig wir die Tore schließen und überhaupt niemanden mehr hereinlassen und selbst mit denen, die schon drin sind, auch noch Schwierigkeiten haben und sie hinauswerfen möchten, weil sie uns stören oder wir keine Zeit haben. Diese Innenwelt spricht das spirituelle Leben an.

Ob wir Egoisten sind oder nicht, hat damit nichts zu tun, denn jeder unerleuchtete Mensch ist ein Egoist. Aber wenn wir die spirituelle Richtung für wichtiger halten als die rein materielle, dann müssen wir unsere Herzen so genau kennen lernen, dass wir Veränderungen vornehmen können. Wir können uns sicher gut vorstellen, in einem Haus zu leben und jede Ecke darin zu kennen und daher auch genau zu wissen, wie das Haus zu vergrößern und zu erweitern ist, damit es für mehr Menschen zugänglich wird.

Wenn wir alle verschwiegenen Winkel unseres Herzens kennen lernen, dann werden wir viele Dinge finden, die wir nicht benötigen, die geläutert werden können, sodass es nicht nur für uns komfortabler wird, sondern auch viel Freiraum entsteht. Solange wir uns aber nur um unsere eigenen Interessen kümmern, ist es einsam, denn es hat keine Beziehung zu dem universellen Geschehen. Es ist, als hätten wir Scheuklappen, die uns davor bewahren sollen, die weite Welt zu erkennen. Je mehr wir unser Herz für andere öffnen, desto mehr fühlen wir uns verbunden; nicht nur mit den Menschen, sondern mit allem, was existiert. Ein Gefühl der Weite, der unendlichen Größe, wo alles seinen Platz hat, entsteht. Der Freiraum, den wir in uns schaffen, bringt gleichzeitig viel Zeit mit sich, denn Zeit und Raum sind im Prinzip beide unbegrenzt. Wenn wir keine Zeit zum Meditieren haben, haben wir noch keinen Freiraum im Herzen geschaffen. Wir tragen noch zu viele Ansichten und Meinungen mit uns herum, die uns alle wichtig erscheinen und eine Neugeburt verhindern. Das Alte nimmt noch zu viel Raum und Zeit in Anspruch.

Vielleicht können wir zu Weihnachten unsere Prioritäten neu festlegen. Was möchte ich mit dem Rest meines Lebens anfangen? Worum geht es mir eigentlich? Wenn wir diese Frage ehrlich beantworten, dann geht es uns allen um das Gleiche, um das Glücklichsein. Die nächste Frage ist dann, wie mache ich das am besten? Wenn wir schon genügend Dinge ausprobiert haben, um glücklich zu werden, und alle nicht ganz funktioniert haben, dann erkennen wir deutlich, dass wir wohl einen neuen Weg suchen sollten.

Durch die Meditation können wir andere Bewusstseinsebenen erleben, die den Geist in Ruhe untersuchen lassen, wie die Welt wirklich aussieht, sodass unsere eigenen Vorstellungen fallengelassen werden können. Wir haben viel Fantasie, die uns manchmal sehr hilfreich sein kann, aber zum Erkennen der absoluten Wahrheit ist sie nur ein Hindernis. Wir malen uns aus, wie wir es gerne hätten, anstatt aufzupassen, wie es wirklich ist. Vielleicht ist jetzt zu Weihnachten die richtige Zeit zur Innenschau gekommen, denn Weihnachten soll der Menschheit ja Frieden spenden. Frieden in der Welt ist aber nur möglich, wenn ein jeder von uns Frieden im Herzen hat. Um das zu erreichen, müssen wir vieles, was sich dort angesammelt hat, hinauswerfen.

Zum Jahresende waschen viele Menschen ihre Vorhänge, polieren ihre Möbel und säubern das ganze Haus. Es wäre doch eine gute Idee, dasselbe im eigenen Herzen zu tun. Wenn wir uns zu Weihnachten wirklichen Frieden wünschen, der unantastbar und fest verankert ist, dann müssen wir mit unserem Großreinemachen anfangen. Der Buddha gab einmal die Anweisung, beim Fegen des Fußbodens oder beim Waschen der Wäsche sich vorzustellen, dass man gleichzeitig sein eigenes Herz und seinen eigenen Geist säubert. Dies ist ein hilfreicher Weg, sich im Alltag daran zu erinnern, was wichtig für uns ist. Wir werden auch merken, dass alles, was »mein«, »mir« oder »mich« genannt wird, eine Bürde ist. Es ist ein allmählicher Weg; genau wie das Säubern eines Hauses Zeit und Geduld braucht, so benötigt das Säubern unseres Herzens noch viel mehr Geduld. Sobald wir aber unser Anhaften an das, was uns angeblich gehört, reduziert haben, vereinfacht sich der Weg.

Wenn wir eines Tages in der Lage sind, alles Anhaften vollkommen loszulassen und nur das Reine und Edle, den inneren Frieden in uns zu erleben, dann gibt es keinerlei Schwierigkeiten mehr. Denn nur »mein«, »mir« und »mich« machen uns das Leben schwer. Auf der menschlichen Ebene sind diese Störenfriede immer vorhanden, aber die spirituelle Neugeburt zu Weihnachten ist der Weg des Transzendierens der menschlichen Problematik. Auf dem Marktplatz muss man bezahlen. Auf der spirituellen Ebene kostet es nur unser Loslassen. Je weniger Ballast wir in Herz und Geist mit uns tragen, desto leichter können wir den spirituellen Samen in uns zur Blüte bringen. Ob andere Menschen das Gleiche tun wie wir, ist von keiner Bedeutung. Derjenige, der den Schlüssel hat und die verschlossenen Tore öffnet, kann als Erster eintreten.

Folgende Worte des Buddha handeln von den Eigenschaften, die uns dazu verhelfen, den inneren Frieden zu finden: »Da ist ein Mensch nicht streitsüchtig, und er lobt die Schlichtung von Streitigkeiten. Er ist schulungseifrig. Und er lobt den Schulungseifer. Er ist bedürfnislos. Er lobt die Überwindung von anspruchsvollen Wünschen.«

Es ist schwer für uns zu wissen, was anspruchsvoll ist und was nicht. In der Art Gesellschaft, in der wir leben, wo alles zu haben ist, ist es beinahe unmöglich für einen Menschen auseinanderzuhalten, was notwendig und was Luxus ist. Vielleicht können wir es so formulieren, dass wir uns so wenig wie möglich aneignen. Das steht im Gegensatz zu der rein weltlichen Ansicht, die jetzt gerade zu Weihnachten besonders hervortritt.

Weitere Worte des Buddha lauten: »Ohne Zorn, ohne Verkleinerungssucht, ohne Herrschsucht hat er/sie ernstes Interesse an dem spirituellen Leben, lobt solches Interesse, zieht sich in die Abgeschiedenheit zurück und lobt die zeitweilige Abgeschiedenheit. Ist freundlich gegen andere, lobt die Freundlichkeit. Und da er/sie die Freundlichkeit in sich trägt, so führt das zu Freundschaft, Achtung und Ehrfurcht, zur Eintracht und Einigkeit.«

Dies sind uns sicherlich bekannte Charaktereigenschaften, aber vielleicht ist uns noch nicht klar gewesen, dass sie die Ursache für inneren Frieden sind. Die hier gemeinte Freundlichkeit, die zu Freundschaft, Achtung, Ehrfurcht, Eintracht und Einigkeit führt, ist die Herzensläuterung, die die bedingungslose Liebe zur Folge hat. Es ist nicht einfach Höflichkeit, mit der wir uns gegenseitig entgegenkommen. Auch diese ist nötig im menschlichen Umgang, aber die hier angesprochene Art der Freundlichkeit ist die Herzensöffnung. Wenn uns diese selbst zeitweilig gelingt, erkennen wir, wie erfreut unser Herz ist und wie betrübt es ist, wenn es sich wieder zusammenzieht. Unsere Herzensöffnung ermöglicht es, dass wir uns in die Ganzheit der Schöpfung eingebettet fühlen. Das bringt ein Gefühl des Nicht-gefährdet-Seins mit sich und daher größere Zufriedenheit. Dann brauchen wir auch nicht so viele Dinge, denn es fehlt uns eigentlich nichts, und wir wissen, dass käufliche Gegenstände uns niemals innerlich zufriedenstellen werden.

Vielleicht ist es hilfreich, uns zu der jetzigen Jahreszeit das eigene Herz als Zuflucht für das Schönste, Reinste und Edelste vorzustellen, wo Liebe und Mitgefühl ein Heim gefunden haben, das wir mit jedem teilen wollen. Wir brauchen nicht mehr zu beurteilen, wer in unser Herz hinein darf. Wir hatten uns nur eingeredet, dass wir diese Unterscheidungen machen müssen. Weil wir Ablehnung in uns verspüren und wir sie abladen wollen, beurteilen und verurteilen wir andere. Aber von nun an können wir versuchen, jegliche Negativität mit Liebe zu ersetzen, und dann haben wir dieses Weihnachtsfest zu etwas sehr Schönem verwendet: zu einer spirituellen Erneuerung.

Um was geht's denn wirklich?

Fragen an Ayya Khema zur buddhistischen Praxis im Alltag Band I

Englisch broschiert,
208 Seiten
ISBN 978-3-931274-30-6

Frei sein im Herzen

Geleitete Meditationen mit CD von Ayya Khema

Englisch broschiert,
56 Seiten mit CD und Farbfotos
ISBN 978-3-931274-32-0

Interessenten wenden sich bitte an:

BUDDHA-HAUS
Meditations- und Studienzentrum e.V.
Uttenbühl 5 · 87466 Oy-Mittelberg
Tel. 08376/502 · Fax 08376/592
info@buddha-haus.de
www.buddha-haus.de
Online-Shop: www.jhanaverlag.de